BIBLIOTHÈQUE
DE PHILOSOPHIE CONTEMPORAINE

LA MÉTHODE POSITIVE

EN

SCIENCE ÉCONOMIQUE

PAR

FRANÇOIS SIMIAND

Agrégé de philosophie, Docteur en droit,
Chargé de conférences à l'École pratique des Hautes Études

DÉDUCTION OU OBSERVATION PSYCHOLOGIQUE?
THÉORIE DE SCIENCE ET DOCTRINE D'ACTION
UNE THÉORIE SELON LA « MÉTHODE ABSTRAITE »
UN SYSTÈME D'« ÉCONOMIE POLITIQUE PURE »
« DE L'ÉCONOMIE MATHÉMATIQUE »
LE PROBLÈME DE LA CLASSIFICATION
LA MÉTHODE POSITIVE EN SCIENCE ÉCONOMIQUE

PARIS
LIBRAIRIE FÉLIX ALCAN
MAISONS FÉLIX ALCAN ET GUILLAUMIN RÉUNIES
108, BOULEVARD SAINT-GERMAIN, 108

LA MÉTHODE POSITIVE

EN

SCIENCE ÉCONOMIQUE

DU MÊME AUTEUR :

Essai sur le prix du charbon en France et au XIX⁰ siècle,
Mémoire dans *l'Année sociologique*, t. V, Paris (Librairie Félix
Alcan), 1902.

Le salaire des ouvriers des mines de charbon en France,
Contribution à la théorie économique du salaire. Paris, Société nouvelle de librairie et d'édition (Cornély), 1907, 520 p. in-8°.

LA MÉTHODE POSITIVE

EN

SCIENCE ÉCONOMIQUE

PAR

FRANÇOIS SIMIAND

Agrégé de philosophie, Docteur en droit,
Chargé de conférences à l'École pratique des Hautes Études.

DÉDUCTION OU OBSERVATION PSYCHOLOGIQUE?
THÉORIE DE SCIENCE ET DOCTRINE D'ACTION
UNE THÉORIE SELON LA « MÉTHODE ABSTRAITE »
UN SYSTÈME D' « ÉCONOMIE POLITIQUE PURE »
DE L'ÉCONOMIE MATHÉMATIQUE
LE PROBLÈME DE LA CLASSIFICATION
LA MÉTHODE POSITIVE EN SCIENCE ÉCONOMIQUE

PARIS

LIBRAIRIE FÉLIX ALCAN

MAISONS FÉLIX ALCAN ET GUILLAUMIN RÉUNIES

108, BOULEVARD SAINT-GERMAIN, 108

—

1912

LA MÉTHODE POSITIVE

EN

SCIENCE ÉCONOMIQUE

AVANT-PROPOS

Ce petit livre rassemble un certain nombre d'études ou parties d'études (dont une seule entièrement inédite) diverses de date, d'objet, de circonstance. A travers leurs différences et leurs particularités, l'ensemble un peu composite qu'elles forment a cependant, je crois, une unité, l'unité d'une idée centrale qui les pénètre toutes dans leur essence, et qui se résume dans le titre de la plus synthétique d'entre elles, adopté pour le livre lui-même : *La méthode positive en science économique*. Mais de cette idée, qui de beaucoup le déborde, ce livre ne se donne pas pour présenter une suffisante expression.

Il répond pour une part, mais pour une part seulement, à une demande qui m'a été faite. (Je m'excuse de prendre ce tour personnel ; mais c'est encore le plus simple pour expliquer la composition et le sens de ce volume.) On m'a plusieurs fois demandé pourquoi je ne réunissais pas les exposés, indications, critiques de méthode que j'ai présentés à diverses occasions et publiés en divers périodiques ou recueils, — notamment, sous la forme d'observations plus ou moins étendues, à propos des ouvrages recensés, dans la section économique de l'*Année sociologique* dirigée par M. Durkheim[1].

J'y avais plusieurs objections. — D'abord une considération me paraissait primordiale, c'était d'éviter qu'à son début même, l'effort en faveur d'une science économique différente de l'économie traditionnelle donnât l'impression d'être surtout critique et négatif. On a, en science sociale, un peu trop discuté de méthode avant de faire, ou plutôt que de faire. Mais aujourd'hui il nous sera bien permis de dire que, rien que par la voie indirecte d'études sur des ouvrages parus, le travail dépensé dans les onze volumes publiés à ce jour de l'*Année sociologique* et ailleurs

---

1. L'*Année sociologique*, publiée sous la direction de M. Durkheim, avec la collaboration de MM.... Georges Bourgin (t. VIII à XI), Hubert Bourgin (t. IV à XI),.... L. Gernet (t. XI),... Maurice Halbwachs (t. IX à XI),... François Simiand (t. I à XI).... [nous n'indiquons que la collaboration à la partie économique], Paris, Alcan, 1re année (1896-97), 1898, à 10e année (1905-06), 1907, 10 volumes annuels, t. I à X, et nouvelle série (triennale), t. XI (1906-09), 1910. Vol. in-8.

encore[1] doit avoir montré, à ceux qui l'ont suivi, combien d'éléments positifs, combien même de résultats positifs aussi, domaine d'une science économique possible, pouvaient dès maintenant s'indiquer ou s'entrevoir, et ne tarderaient pas à se dégager mieux par un emploi conscient de la méthode appropriée. Et il nous sera bien permis de dire aussi qu'aujourd'hui peuvent se citer plusieurs travaux directs, inspirés de cette méthode, et qu'il s'en annonce d'autres encore[2]. Aujourd'hui donc, une reprise de considérations de méthode semble, dans ce champ, ne plus risquer de paraître pure spéculation à vide, et elle peut avoir cette raison d'assurer les positions acquises, et plus encore de les dépasser.

Mais, à tenter de constituer une sorte de compendium méthodologique avec des morceaux pris ici et là, de date, de cadre et de caractère assez différents, j'ai reconnu beaucoup de difficultés et peu d'avantages. Ce n'est pas seulement en raison du défaut auquel n'échappent guère des volumes ainsi composés, qui est de présenter à la fois des redites, sur les points qui se

2. Je me permettrai de rappeler notamment sous ce mot les indications sommaires données à divers propos dans la suite des *Notes critiques* (Sciences sociales), 1900-06.

1. En ce qui me concerne personnellement, je puis aujourd'hui annoncer pour assez prochain un essai de théorie expérimentale du salaire, dont mon ouvrage antérieur *Le salaire des ouvriers des mines* n'est, comme je l'y ai indiqué, qu'une part, spécialement développée d'abord pour elle-même.

trouvent avoir été traités à diverses reprises, et des lacunes, sur ceux qui, pour quelque raison occasionnelle, se trouvent n'avoir point été touchés. Ce n'est pas seulement non plus que la pensée évolue et que les points de vue changent, et que, même si la direction générale reste bien identique, les expressions d'hier peuvent ne plus satisfaire pleinement aujourd'hui, et tel détail d'ici ne pas se raccorder exactement avec tel détail de là. Le lecteur comprend cela et peut l'excuser, et même y trouver quelque intérêt. Il est apparu, comme un obstacle plus grave, que les indications important à reprendre étaient, en bien des cas, tantôt trop fragmentées et tantôt trop complexes, parfois de développement, à proportion, trop inégal, et parfois surtout trop étroitement liées à l'objet qui en était l'occasion, pour pouvoir toujours être utilement détachées, retenues pour elles-mêmes, et réunies en un tout intelligible à lui seul et vraiment présentable. Matériellement, du reste, en reprendre la totalité aurait dépassé de beaucoup les limites convenant à la présente publication[1]. C'est donc d'une refonte entière qu'il devait s'agir, et c'est un projet que je suis loin d'écarter ; mais, d'autres travaux

[1]. À titre documentaire, nous pouvons bien indiquer ici qu'à ne considérer que l'*Année sociologique*, les comptes rendus de la section économique tiennent, sur les onze tomes, plus de onze cents pages de ces volumes, dont j'ai personnellement écrit environ 680 : de ce dernier total, les extraits repris ci-dessous représentent moins du dixième.

m'empêchant pour le moment d'en aborder la réalisation [1], ce qui a paru aujourd'hui possible, et qui, pour être beaucoup plus modeste, n'est peut-être pas inutile, ç'a été de choisir, dans cet ensemble, quelques parties seulement qui pussent assez s'isoler de leur cadre originel et, *bien que limitées, donner, au moins en une direction essentielle et ne fût-ce que par différence, une idée assez représentative de la méthode préconisée* ; et, pour le surplus, de faciliter simplement, à qui en serait curieux, par des renvois multiples, le recours aux volumes divers où ces éléments ont été présentés.

Que choisir donc ? Telle que nous la concevons, la science économique positive s'oppose, d'une part, et tout autant, à l'économie politique traditionnelle, dite abstraite ou pure, que, d'autre part, à l'historisme économique ou à la description pure et simple des faits. A la distinction d'avec l'une comme à la distinction d'avec l'autre ont donc été appliquées plus d'une étude. J'ai laissé complètement de côté ici les secondes, celles qui portent sur les rapports avec l'histoire [2],

---

1. L'introduction de l'ouvrage annoncé dans une note précédente contiendra toutefois un aperçu méthodologique assez général.

2. Cf. les références données, étude VII (p. 188), et en outre *La causalité en histoire*, Bulletin de la Société française de philosophie, juillet 1906, et suite de la discussion, juillet 1907. — Il y aurait lieu également de marquer les différences d'avec la *géographie* dite *humaine* qui, pour une part, porte sur le même champ : j'ai

me réservant de les reprendre ultérieurement en tenant compte des travaux récents qui apportent des éléments nouveaux à la discussion. Mais le gros du présent volume est formé de plusieurs études ou parties d'études que, — depuis un travail de débutant jusqu'à des essais récents plus avancés, — j'ai consacrées à discuter les positions, les caractères véritables, les formes diverses de l'économie traditionnelle, jusqu'à la plus savante et la plus rigoureuse au moins en apparence, celle de l'économie dite mathématique : ces études indiquent, par opposition, les principes, les caractères, les tendances d'une économie positive (Études I, III, IV, V, VII). — Comme l'économie politique a, dans les diverses écoles, toujours été étroitement liée à l'action, et à l'application pratique, et que, du reste, comme on le verra, un des reproches faits à l'économie traditionnelle est justement d'être, au fond, une discipline appliquée et finaliste, avant et au lieu d'être une discipline de science proprement dite, il a paru indiqué de reprendre aussi des considérations sur les rapports entre théorie de science et doctrine d'action (Étude II). — Et enfin, pour obvier à cette impression purement négative qui nous paraîtrait très fâcheuse, sans vouloir tenter une constitution de science qui,

esquissé cette étude, d'un point de vue non spécialement économique, dans l'*Année sociol.*, t. XI, p. 723-32.

même en esquisse, déborderait le cadre et les
possibilités de ce volume, il a paru opportun
d'utiliser une occasion de reprendre ici, sous
une forme synthétique et critique sommaire, la
classification nouvelle des matières que nous
avons progressivement élaborée, et au fur et à
mesure mise en pratique : c'est une occasion
aussi, tout en remerciant pour l'attention qui y
a été donnée de divers côtés, d'en délimiter
pour nous la véritable importance (Étude VI ;
cette étude, dans son développement présent,
est inédite). — Ensemble, ces diverses études
ont été rangées simplement à peu près par ordre
de date.

Les parties déjà publiées ont été marquées
avec les références dues ; elles ont été repro-
duites, comme il convient à un livre ainsi fait,
sans aucun changement (sinon de quelques détails, de vocabulaire ou de forme) ; les coupures
sont indiquées par des points de suspension, les
additions (en note) par une mention expresse.

Est-il besoin de dire, enfin, que les critiques
présentées n'ont rien qui s'adresse ni aux personnes ni aux tendances ? Il suffit, du reste, de
regarder aux noms des auteurs étudiés pour
reconnaître que je suis lié à plus d'un d'entre
eux par la déférence, par l'estime ou par l'amitié,
ou par une communauté d'aspirations, qui écar-
tent, même s'il manquait d'autres raisons, jusqu'à
la possibilité d'une telle attitude. Au contraire, la

discussion entreprise des œuvres ou des théories est une preuve de l'importance qui y est attribuée : car, si elles n'étaient pas éminentes chacune en leur genre, quelle serait la portée de la critique ? Il ne s'agit donc ici que d'une discussion d'idées, d'où mon souci et mon souhait, d'où notre souci et notre souhait à tous, puis-je sans doute dire, est seulement qu'un peu plus de vérité puisse sortir.

I

DÉDUCTION OU OBSERVATION PSYCHOLOGIQUES EN SCIENCE ÉCONOMIQUE

REMARQUES DE MÉTHODE [1]

En principe les économistes accordent volontiers qu'une base psychologique est nécessaire à établir leur science. Et en effet, si l'économique a pour problème essentiel l'appropriation des choses à la satisfaction des besoins humains par l'activité des hommes en société [2], elle met en jeu forcément dans ses propositions, de manière plus ou moins directe, la nature de ces besoins et les mobiles de cette activité, éléments psychologiques de la matière étudiée.

---

1. *Revue de métaphysique et de morale*, juillet 1899 (titre un peu modifié pour éviter les équivoques).

2. Je ne présenterais plus cette formule, quoique traditionnelle, comme une définition satisfaisante de la science économique (notamment à cause de son tour finaliste) : mais, pour l'objet de cette étude, il n'importait que de rappeler à quoi, dans toute sa tradition même, s'appliquait l'économie politique (*Note nouvelle*).

La présence de ces éléments n'étant pas douteuse et l'importance s'en laissant supposer, il n'est pas sérieusement contesté non plus que la recherche économique doive gagner à en être pleinement consciente, à les dégager explicitement et à les formuler expressément.

Mais à cet effet elle se contente communément de poser, au début, une ou plusieurs propositions générales (qu'elle justifie sommairement ou qu'elle tient pour reconnues) sur la psychologie, active et passive, de « l'homme économique ». Ces propositions jouent dès lors le rôle de postulats. Dans tout le travail ultérieur, dans l'élaboration des théories économiques proprement dites, le facteur psychologique latent, tout complexe ou particulier qu'il puisse être, est censé se ramener analytiquement au postulat psychologique initial. — Ce procédé méthodique est-il suffisant à la science économique telle qu'elle est, telle qu'elle doit être ?

I. — D'UN MÊME PRINCIPE, PLUSIEURS DÉDUCTIONS POSSIBLES

Que le postulat psychologique posé à la recherche économique soit complexe ou simple, il n'importe pas à l'examen ici entrepris. Il est dès lors naturel d'y prendre plutôt le cas simple. L'école allemande qui, avec Wagner par exemple, distingue cinq mobiles à l'activité économique de l'homme[1], ou encore l'école autrichienne qui innove des analyses détaillées, jusque-là négligées, peuvent ainsi être laissées ici de côté[2]...

L'économie de tradition dite classique, qui rend compte de l'activité économique de l'homme par un mobile prépondérant unique, peut donc être retenue de préférence. La proposition psychologique initiale s'en énonce assez précisément : « Dans l'ordre économique le mobile principal et ordinaire des actions humaines est l'intérêt personnel, qui nous pousse à rechercher l'avantage le plus grand avec la moindre somme d'efforts, de sacrifice et de risque possible[3]. » Cela posé, les « lois » établies au cours des diverses théories économiques sont censées ne pas impliquer de facteurs psychologiques qui ne

1. Ad. Wagner, *Grundlegung*. 3e édit., I, § 30-53. Quatre mobiles intéressés : tendance à rechercher l'avantage économique propre, et crainte du dénûment économique propre ; — crainte du châtiment et espoir de reconnaissance ; — sentiment de l'honneur, tendance à la considération, et crainte de la honte et du mépris ; — besoin d'activité, joie de l'activité et crainte de l'inactivité. Et un mobile désintéressé : impulsion de la conscience, sentiment du devoir et crainte du mécontentement de soi.

2. Sur ces autres postulats psychologiques, voir plus loin notamment études IV, sect. ii, et VII, sect. iii (*N. n.*).

3. Cet énoncé est à peu près emprunté à l'un des plus remarquables et des plus récents représentants de l'école traditionnelle : Cossa, *Histoire des doctrines économiques*, 1re partie. On pourrait le rencontrer analogue chez tel théoricien socialiste qui prend le même point de départ psychologique (Cf. p. ex. Effertz, *Arbeit u. Boden*).

soient simplement obtenus par déduction, eu égard aux espèces, du principe énoncé.

Or, si l'exactitude et la suffisance du principe même ont été fortement contestées (et du reste avec raison, semble-t-il), la prétendue application analytique du principe a beaucoup moins attiré l'attention critique. Elle paraît cependant mériter examen.

Prenons quelques exemples. (Comme pour les principes, il suffit, à notre objet présent, de les prendre dans une économique tout élémentaire et même peu avancée)...

Considérons, si l'on veut, un point de la théorie du capital. Un « homme économique » est propriétaire de capital : il va, selon la règle de son activité, chercher à l'employer pour son plus grand intérêt. Qu'est-ce à dire ? Il peut ou le placer, le « faire valoir », ou le consommer. Pour qu'il veuille s'abstenir de le consommer, c'est-à-dire pour faire le sacrifice de la jouissance immédiate, il faut qu'il trouve dans le placement la possibilité d'une plus grande jouissance ultérieure, c'est-à-dire une augmentation du capital même ; le taux de l'intérêt offert au capital est donc le facteur décisif qui influe sur l'emploi des capitaux. Si le taux de l'intérêt baisse, par exemple par l'effet d'une hausse dans le taux des salaires, dira-t-on, les capitaux se détourneront de l'entreprise, l'activité industrielle sera entravée et diminuera.

Mais pourquoi la déduction n'aurait-elle pas pris une autre voie ? — L'homme économique, disons-nous, peut consommer le capital qu'il possède à un moment donné, ou ne pas le consommer à ce moment. L'intérêt personnel, qui guide son action, sera pour lui, si par ailleurs il peut estimer ses besoins suffisamment satisfaits pour l'instant, de s'appliquer à conserver ce capital pour les services possibles à en retirer plus tard. Le placement du capital est donc essentiellement destiné à le conserver : il n'est assurément pas négligeable que ce placement soit en même temps rémunérateur, mais l'important est qu'il soit sûr. La sécurité du placement est donc le facteur décisif qui influe sur l'emploi des capitaux[1]. Le taux de l'intérêt peut baisser, sans entraîner de déplacement, si la sécurité du placement reste entière, à plus forte raison si elle va croissant. Et ainsi les capitaux peuvent affluer là où justement le taux de l'intérêt est le plus bas.

Les deux voies mènent donc à des conclusions, à des « lois du capital » directement opposées. Comment décider entre elles ? Comment savoir si l'homme économique, lorsqu'il aura à choisir

---

1. On pourrait ajouter que, dans le même sens, la disponibilité du capital, la faculté de l'obtenir à volonté et facilement, est également un avantage influent. Ces deux éléments, sécurité et disponibilité, ne font-ils pas le succès des caisses d'épargne (qui, on le sait, servent un intérêt qui est allé diminuant) ?

entre les deux considérations[1], estimera que son plus grand intérêt est d'augmenter son capital, même avec risque, ou bien qu'il est au contraire de le conserver, même sans gain[2] ?

— Passons à une autre théorie. La libre concurrence, nous dit-on, est le régime économique qui, par son jeu naturel, fera jouir l'homme des meilleurs produits aux moindres frais. Les producteurs, en effet, obligés de se disputer la clientèle, auront tout leur intérêt à la servir de façon qu'elle y trouve son plus grand avantage avec le moindre sacrifice. Mais comment le consommateur décide-t-il de ses avantages ou de ses sacrifices ? Cela est simple, dira-t-on. Entre deux espèces d'un même produit, ou encore entre deux produits de même destination, si le sacrifice nécessaire à l'acquisition est pareil (p. ex. si les prix et les conditions de paiement sont identiques), le client se décidera selon le plus grand avantage (c'est-à-dire ici selon la meilleure qualité) ; si l'avantage est pareil, c'est la grandeur du sacrifice (par exemple la différence de prix) qui fondera le choix.

---

1. Certaines formes de placement semblent réunir les avantages visés : ainsi les obligations à lots, au porteur, de villes ou de grandes entreprises, qui offrent à la fois l'attrait d'un gain considérable (lot possible), la sécurité (crédit de la ville ou de l'entreprise) et la disponibilité (forme au porteur).

2. On trouvera plus loin (étude III) une discussion d'une théorie de l'intérêt beaucoup plus avancée (*N. n.*).

Mais, si l'alternative posée au client combine une différence d'avantage avec une différence de sacrifice (ainsi qu'en fait ce semble être le cas ordinaire), comment l'intérêt personnel guidera-t-il le choix du consommateur ? Voici une personne qui a besoin d'un certain meuble : fait en bois blanc, ce meuble aurait moins de résistance, mais le prix pourrait en être payé sans gêne (avantage modeste, mais faible sacrifice) ; fait en noyer, il serait plus solide et durable, mais le prix n'en pourrait être acquitté qu'avec du temps et de la peine (avantage notable, mais sacrifice important). Où cette personne trouvera-t-elle son plus grand intérêt, dans le faible sacrifice, accompagné, il est vrai, d'un modique avantage, ou dans le grand avantage, que grève toutefois un lourd sacrifice ? Quelle commune mesure objective peut être trouvée à ces mobiles du choix qui doit intervenir ? Quelle prévision par suite pourrons-nous faire sur la conduite de l'homme économique moyen ? De cette conduite pourtant dépendra un effet important de la libre concurrence : selon que la première ou la seconde alternative aura généralement la préférence, la production en libre concurrence tendra, avant tout, au bon marché du produit, sans grand souci de la qualité, ou au contraire à la bonne qualité du produit, sans préoccupation dominante de baisser le prix.

Même dans le cas déclaré simple de deux produits similaires à prix identique, mais de qualité différente, s'il est évident que l'homme économique, cherchant son plus grand intérêt, choisira la meilleure qualité, une question importante demeure : que sera précisément, pour le consommateur, la meilleure qualité ? Des nombreux éléments qui contribuent à la qualité d'un produit, beaucoup vraisemblablement sont tels que l'acheteur ordinaire est tout à fait incompétent à les apprécier. Ainsi ceux des éléments que le consommateur peut connaître tendront à être développés de préférence, exclusivement peut-être, aux dépens des autres : or, ils peuvent être tout secondaires, même parfois insignifiants, au regard des propriétés où peut résider le véritable progrès de qualité. L'art de la réclame fait grand profit de cette observation. Les véritables propriétés d'un chocolat, par exemple, sont assez difficiles ou délicates à éprouver pour le consommateur courant : mais la propriété d'être « le seul qui blanchisse en vieillissant », bien que puérile en apparence, a, dit-on, fondé la célébrité de la maison qui la vanta dans ses produits. Comment savoir quels avantages invoqués ou présentés seront jugés par l'homme économique les plus conformes à cet intérêt personnel dont le principe devait expliquer toute son action économique[1] ? Et, sans le savoir, comment conclure

---

1. Quel sera l'effet psychologique des prix marqués 0,95 et non

touchant les effets que la production individualiste en libre concurrence aura sur la qualité des produits[1] ?

— Veut-on regarder à la théorie du salaire ? Dans le contrat de salaire, chaque partie est censée, selon le principe, chercher son intérêt personnel : le patron désire la main-d'œuvre au meilleur marché, l'ouvrier le salaire le plus élevé possible. Mais, la concurrence des ouvriers entre eux pour trouver employeur étant plus pressante que la concurrence des patrons entre eux pour trouver employés, le désir patronal l'emportera normalement, nous dit-on, sur le désir de l'ouvrier, le salaire sera ramené au meilleur marché. Mais que sera ce meilleur marché ? Évidemment le prix au-dessous duquel l'ouvrier préférera ne pas contracter du tout. Il consent au sacrifice de sa peine contre un certain avantage ; sous la pression de la concurrence il doit réduire ses prétentions à l'extrême : mais quelle est la limite ? Il travaille, il peine, pour éviter un plus grand mal,

i fr., 4,95 et non 5 fr. ? Le consommateur sera-t-il tenté par une apparence de prix inférieur ? Ou bien sera-t-il mis en défiance par la tentative visible de l'induire en erreur ? Comment décider avant expérience ?

1. Ainsi une certaine clientèle, mettant son intérêt personnel dans l'ostentation, le luxe, plus que dans l'économie de dépense, tiendra *par intérêt* à payer *cher*. Il s'ensuivra que, pour être vendus avec succès, les produits destinés à cette clientèle devront, en libre concurrence, être maintenus au prix cher. Ici, vraisemblablement, la libre concurrence ne déprimerait donc pas la qualité des produits.

l'indigence ; mais, si la rémunération obtenue contre sa peine dépensée est si mince qu'elle ne le sauve pas de l'indigence, n'est-il pas clair qu'il trouvera son plus grand intérêt à s'éviter au moins la peine du travail ? Il y a donc un minimum du salaire, qui est la valeur strictement nécessaire à la satisfaction des besoins essentiels de l'ouvrier.

Mais la déduction ne peut-elle conduire à un autre résultat ? L'ouvrier, dira-t-on, cherche essentiellement à échapper au total dénûment, au manque de toute satisfaction à tous ses besoins ; le seul moyen qu'il ait d'y arriver est de louer sa force de travail ; il veut le faire au meilleur prix sans doute, mais, n'étant pas le maître, il acceptera donc le peu qu'on lui donnera : car ce peu, si peu qu'il soit, ne sert-il pas encore mieux son intérêt que le néant où autrement il est réduit ? Il n'y a donc pas de minimum déterminé du salaire : l'ouvrier travaillera toujours, pourvu que le salaire ne soit pas nul, puisqu'une rémunération quelconque aura toujours de la valeur pour lui [1].

---

1. On croirait peut-être pouvoir objecter : il y a toujours un minimum ; ce minimum est ce qui est nécessaire à la reconstitution des forces de l'ouvrier, sinon le travail du lendemain serait impossible. Mais : 1º ce nécessaire est tout relatif, l'alimentation, par exemple, comporte des degrés nombreux ; il reste que, psychologiquement, certains hommes se résigneront à tout, même à la mort, plutôt qu'à descendre au-dessous de tel degré, et que certains, au contraire, descendront indéfiniment les degrés. 2º Il peut y avoir travail du lendemain

Comment savoir si l'homme économique, étant ouvrier, jugera que son intérêt personnel lui commande de refuser le sacrifice de sa peine contre un avantage inférieur à un certain minimum, ou qu'il lui commande de rechercher toujours, par le seul moyen dont il dispose, c'est-à-dire par son travail, un avantage si faible qu'il soit ? Comment savoir si l'homme économique, supposé soucieux de son seul intérêt personnel, a des besoins irréductibles, ou s'il les a indéfiniment réductibles, et si l'effort lui coûte moins que toute satisfaction de besoin, ou moins seulement que certaine satisfaction de besoin ? Cependant, sans que cette question soit résolue, comment fonder des « lois générales du salaire » ?

A un autre point de vue encore, la théorie du salaire semble rester incertaine. Il est communément reconnu que les travaux dans une société se différencient en travaux plus difficiles et plus faciles, en plus pénibles et plus aisés, etc. [1]. Comment, dans le régime de la liberté du travail,

sans que les forces dépensées la veille aient été reconstituées : au degré près, c'est même le cas universel, puisque la machine humaine s'use, et finit par s'arrêter. 3° Il arrive en effet qu'il n'y ait pas travail du lendemain possible, par l'insuffisant entretien obtenu la veille ou auparavant.

1. En fait (est-il besoin de le rappeler ?) la distribution des travaux ou professions entre les individus dépend de diverses causes autres que la libre concurrence (laquelle ici reste surtout théorique) et que l'intérêt personnel : transmission de père en fils, tradition, milieu, hasard, contrainte matérielle et morale, etc.

dans la libre concurrence de tous à tous les emplois, obtiendra-t-on que certains consentent aux travaux plus difficiles, plus pénibles ? Bien simplement, répond-on : par l'attrait d'un salaire supérieur. — Cela suppose donc qu'un supplément de salaire paraisse constituer un supplément d'avantage qui l'emporte sur le supplément de sacrifice ou de risque. Or, ici encore, comment prévoir si forcément une augmentation de peine peut psychologiquement, pour le seul intérêt personnel, paraître compensée, et à plus forte raison dominée, par un surcroît d'avantage quelconque ? Il peut y avoir une limite de peine que l'intérêt personnel ne veuille dépasser pour aucun prix ; et il peut aussi n'en pas exister. Et il peut encore y avoir des degrés établis par l'intérêt personnel. Mais, plus radicalement encore, la théorie suppose qu'un salaire supérieur comporte un attrait, c'est-à-dire constitue un supplément d'avantage. Or, un supplément de revenu est-il un avantage hormis qu'il permette une meilleure satisfaction des besoins ou la satisfaction de nouveaux besoins ? L'intérêt personnel pousse l'homme à satisfaire le plus de besoins le mieux possible. Mais y a-t-il une limite à la liste des besoins et au degré de satisfaction, ou n'y en a-t-il pas ? Suivant la réponse, il résultera qu'un supplément de revenu, et notamment un supplément de salaire, si le salaire dont jouit le travailleur satisfait tous ses besoins au degré limite, ne sera pas capable d'exercer un attrait, ni par suite d'obtenir un supplément d'effort ; ou il résultera, au contraire, que, moyennant un supplément de salaire convenable, un travail accru en qualité ou en intensité pourra être encore obtenu[1].

Les exemples pourraient se multiplier, analogues de portée. Une fois posé le postulat psychologique qui prétend exprimer l'activité économique de l'homme, les théories économiques particulières sont censées n'utiliser (explicitement, ou, ce qui est le cas le plus fréquent, implicitement) que des actions humaines analytiquement fondées sur ce postulat. Or, il se trouve que l'analyse, dans les espèces traitées, peut en réalité dégager deux ou plusieurs sens divergents d'action qui sont également conformes au postulat général. En fait pourtant (sinon comment, en effet, un résultat positif serait-il acquis à la recherche ?), un de ces sens seulement, à l'exclu-

---

1. Ces hypothèses ne sont pas faites en l'air. B. et S. Webb remarquent (*Industrial Democracy*, p. 697, note) que l'ouvrier anglais, par exemple, se caractérise en ce qu'il a un minimum de besoins et de satisfaction de ces besoins, mais qu'il n'a pas de maximum, étendant ses besoins ou en améliorant la satisfaction à mesure qu'il le peut, indéfiniment ; l'ouvrier nègre africain, au contraire, a un maximum au delà duquel aucun besoin nouveau, aucune satisfaction nouvelle ne le tente, et en revanche n'a pas de minimum. Les auteurs ajoutent qu'un 3e type, le Juif, paraît n'avoir ni minimum, ni maximum. Ils se demandent incidemment si cette propriété n'expliquerait pas que, dans nos pays, les Juifs soient trouvés, en même temps, soit dans l'extrême misère soit dans l'extrême richesse.

sion (souvent inconsciente) de l'autre[1], a été retenu par la doctrine. Comment le sens adopté a-t-il été choisi ?

II. — OBSERVATION EN FAIT, OBSERVATION EN DROIT

Il est vraisemblable que la déduction psychologique dont se vantait l'économie politique était illusoire. Les applications du principe de l'intérêt personnel aux cas d'actions économiques particulières, que, de bonne foi souvent, l'on s'imaginait déduire de ce principe même, étaient en réalité le résultat d'une *observation*, sommaire, inconsciente peut-être, mais réelle et indispensable. Lorsqu'on bâtissait la théorie du capital en impliquant que l'intérêt personnel de l'homme économique cherchait, dans le placement des capitaux, surtout le revenu à en retirer, on avait, en fait, observé (ou cru observer) sur soi ou sur son entourage, et non pas déduit de la considération de la nature humaine, qu'il en était ainsi en effet. Lorsqu'on a bâti la même théorie en impliquant que l'intérêt personnel cherchait avant tout la sécurité du placement, on avait, en fait, soit mieux observé la commune pratique des hommes en cette matière, soit observé une pratique diver-

---

1. Cette exclusion a été parfois successive et réciproque. Voir, par exemple, les théories du capital indiquées plus haut.

gente à côté de la première, et non pas déduit des mêmes prémisses une conclusion différente ; — et ainsi ailleurs. Les auteurs traitant du salaire impliquent volontiers dans leurs raisonnements, comme si elle était naturelle, l'exigence d'un minimum indispensable, parce que dans le monde occidental présent, en fait, l'attitude de l'ouvrier comporte souvent cette exigence et que la notion de cet état psychologique est familière à leurs esprits ; mais, vivant au milieu de populations chinoises ou nègres, ils auraient vraisemblablement impliqué dans leurs raisonnements (sans s'apercevoir davantage que c'était le résultat d'une observation, et non pas le résultat d'une analyse de la nature humaine générale), d'une part, que le prix consenti pour le travail pouvait s'abaisser presque indéfiniment, et, d'autre part, qu'un maximum limitait l'effort susceptible d'être obtenu.

La prétendue déduction a été observation, inconsciente et sommaire peut-être, exacte ou inexacte (ceci est une autre question), mais a été observation : il paraît difficile qu'il en ait été autrement. Examiné de plus près, le postulat initial va montrer pourquoi. « Dans l'ordre économique, est-il dit, le mobile principal et ordinaire des actions humaines est l'intérêt personnel, qui nous pousse à rechercher l'avantage le plus grand avec la moindre somme d'efforts, de sacrifice ou de risque possible. » Comment faut-il comprendre au juste ? Le sens est-il : « l'intérêt personnel qui nous pousse à rechercher *ce qui est* l'avantage le plus grand, avec *ce qui est* la moindre somme d'efforts, de sacrifice et de risque possible » ? Ou n'est-il pas vraiment : « l'intérêt personnel qui nous pousse à rechercher *ce qui nous paraît être* l'avantage le plus grand, avec *ce qui nous paraît être* la moindre somme d'efforts, de sacrifice et de risque possible » ?

Mais c'est toute une philosophie que de distinguer, de ce qui paraît à l'homme être son intérêt, quelque chose qui serait son intérêt véritable, que de déterminer ce que doit être cet intérêt vrai, que d'établir qu'en fait, dans telle part de sa conduite, l'homme le suit. Un pareil système ne se rencontre nullement dans le vague rationalisme naturaliste dont sont plus ou moins inspirés la plupart des économistes (au moins des premiers) ; la difficulté n'y est pas soulevée : l'homme, pourvu qu'il suive l'impulsion de la nature, se trouve être en harmonie avec la raison, et il lui suffit de comprendre son intérêt pour le suivre. Quant à ceux qui n'adhèrent pas à cette métaphysique commode, ils n'en semblent pas se soucier davantage du problème posé. Cependant l'analyse précise ne peut se contenter ni de cet acte de foi optimiste ni de cette indifférence. Si vous entendez que l'homme suit *ce qui est* son intérêt, qu'est-ce donc au juste, dans votre théorie, qui est son intérêt ? Tant qu'une définition de concept précise n'est point intervenue, le principe signifie « l'homme suit *ce qui lui paraît être* son intérêt ». « Ce qui paraît à l'homme... », dit-on : mais à quel homme ? Ce qui paraît à l'un être son intérêt ne paraît pas forcément à l'autre être le sien ; l'appréciation du plaisir et celle de la peine, la comparaison entre les qualités de plaisir et les qualités de peine, la balance entre tel degré de plaisir et tel degré de peine, ne peuvent être, en fait, que relatives, diverses et variables, selon les individus et selon les sociétés.

De là vient que le principe « l'homme dans son action économique cherche son intérêt » puisse, dans un même cas pratique, comporter plusieurs applications divergentes. Ce qui peut paraître à l'homme son intérêt est loin d'être simple et unique. C'est un lieu commun des cours de philosophie et de morale que d'apprendre à distinguer entre différents ordres d'intérêt personnel, entre égoïsme, amour-propre et amour légitime de soi, entre la recherche impulsive du plaisir immédiat et la recherche raisonnée de la plus grande somme finale de plaisir, entre l'intérêt mal entendu et l'intérêt bien entendu, etc. ; que d'inviter à remarquer comment nos actions et passions se rapportant à nous-mêmes peuvent différer entre elles en objet, en espèce, en valeur.

Ce lieu commun semble pourtant avoir été ignoré ou au moins négligé par la doctrine économique courante, satisfaite d'imprécision et d'équivoque. Il lui a suffi que la rubrique « intérêt personnel » pût couvrir les diverses pratiques de l'homme posées ou impliquées dans ses théories spéciales. Ces pratiques, vraisemblablement les seules qui, pour les divers cas de fait, fussent mises en évidence dans le milieu social étudié, étaient notions tellement accessibles que le caractère expérimental et relatif s'en laissait oublier par les esprits mal avertis : elles furent tenues pour tirées, par analyse, du « principe de l'intérêt personnel ». Et l'irréflexion facile omit de songer aux autres pratiques également déductibles de ce même principe, à tous ces *possibles* qui présentement peut-être n'étaient pas *réalisés,* mais qui avaient pu ou pourraient l'être sans que le postulat général fût modifié.

La voie analytique conduisant exactement à plusieurs possibles, le fait que l'un d'entre eux ait été seul retenu prouve que la voie suivie pour le désigner a été, en réalité, expérimentale[1]. Puisque, malgré tout, l'observation intervient, ne doit-elle pas être consciente et méthodique ?

Mais les remarques présentes ne porteraient-elles pas sur une certaine application de la méthode analytique seulement, et non sur toute marche analytique en ces matières ? Le vice méthodique ne serait-il pas corrigé, si la science

---

1. Cf. ci-dessous Ét. III, sect. III, *a,* Ét. IV, sect. IV, Ét. VII, sect. III. — Ou bien, ou en même temps, c'est que la théorie ainsi construite a, consciemment ou non, un caractère normatif : sur ce caractère, cf. ci-dessous Ét. III, sect. IV, Ét. IV, sect. III (*N. n.*).

économique énonçait avec plus de rigueur le postulat psychologique initial, ici par exemple si elle énonçait le principe de l'intérêt personnel en y indiquant très précisément la sorte d'intérêt personnel exclusivement visée, et si elle ne faisait ensuite intervenir, dans ses diverses théories, que des actions et attitudes humaines exactement fondées sur l'analyse du mode spécial d'intérêt personnel retenu ? Soit, mais la science, ainsi entreprise, resterait-elle possible ? Voilà dès lors, semble-t-il, comment se poserait au vrai la question.

Une considération de fait d'abord n'est pas inutile. Qu'on examine dans un cours quelconque d'économie politique les diverses théories successivement présentées. Il sera difficile à une analyse critique de ne pas dénoncer, entre les implications psychologiques respectivement nécessaires à la validité de ces théories, des différences suffisantes pour les rendre irréductibles à un seul et même principe *précis* de conduite humaine. Les éléments psychologiques intéressés dans les principaux phénomènes économiques sont donc apparemment assez multiples et assez complexes ou pour qu'un postulat psychologique précis, exclusivement posé, ne soit suffisant à fonder qu'un ensemble de théories fort incomplet ou fort arbitraire, ou pour qu'autant de postulats précis soient nécessaires qu'il est désiré de théories spéciales convenables.

Mais, sous ces réserves, l'œuvre scientifique,

en notre matière, peut-elle légitimement consister à poser un postulat psychologique qui ne soit ni vague ni relatif, et à n'impliquer ensuite dans la théorie économique que les facteurs psychologiques analytiquement tirés de ce postulat?

Ou bien la science économique qui devrait être élaborée par cette voie resterait, en esprit et en résultat, une science positive, ou bien elle tendrait à être une science purement conceptuelle. — Si elle voulait rester science positive, elle aurait donc souci d'exprimer (aussi exactement que possible) la réalité concrète. Les résultats qu'elle poserait devraient être conformes aux faits. Si donc ces résultats avaient été obtenus par une élaboration analytique, cette élaboration et ces résultats auraient une valeur toute hypothétique et toute provisoire, tant qu'ils n'auraient pas été confrontés avec les faits et reconnus confirmés par eux. Mais, s'il en était ainsi, le processus méthodique concernant les facteurs psychologiques considérés ou impliqués dans la recherche serait-il bien déductif et tel qu'il a été dit? Ne serait-ce pas plutôt une théorie familière de la méthodologie des sciences expérimentales que nous devrions reconnaître ici? Quelques mots suffiront à la rappeler. L'esprit, en procédant à l'étude scientifique de certains phénomènes, se donne pour but, on le sait, de rendre compte de ces faits, c'est-à-dire d'en déterminer la cause. Soupçonnant telle ou telle influence, il fait l'*hypothèse* que telle influence agit, en effet, et il déduit par analyse quels effets s'ensuivraient. Il confronte alors ce résultat de son analyse avec les faits ; si l'observation est conforme, le rapport d'influence cherché est établi. — Que trouvons-nous d'autre ici ? Une influence sur les phénomènes économiques est manifeste, l'influence de facteurs psychologiques. Quels sont ces facteurs ? La recherche économique pose que ces facteurs sont tels ou tels ; puis elle tire les effets qui devraient résulter de ces facteurs tels ou tels. Le prétendu postulat psychologique n'est-il pas exactement une *hypothèse* au sens technique de la méthodologie expérimentale ? Sans doute c'est une analyse qui tire les conséquences applicables aux cas de fait étudiés. Mais cette marche n'est déductive qu'en apparence. L'analyse de l'hypothèse n'est ni le tout ni même l'essentiel de l'œuvre scientifique. En effet l'hypothèse et la déduction ne prennent de valeur que par la confrontation et l'accord reconnu des résultats déduits avec les faits ; et cet emploi de la déduction n'est qu'un détour commode dans un ensemble de recherches essentiellement inductif. Si tel est vraiment le rôle de la proposition psychologique posée en économie, la théorie économique ne part d'elle qu'en apparence : bien loin d'en procéder analytiquement comme d'un postulat, elle a, au contraire, en réalité à y aboutir inductivement comme à un résultat d'expérience.

Tant que la confrontation des conséquences déduites avec le fait n'a pas eu lieu, la théorie économique n'est qu'une ébauche toute provisoire et sujette à disparaître à l'épreuve. Mais les propositions psychologiques de l'espèce qui était proposée, postulats qui ne soient ni vagues ni relatifs, paraissent risquer fortement de n'être jamais confrontés dans leurs conséquences avec le fait, et par suite de n'acquérir jamais une place légitime dans une science expérimentale. La raison en est très apparente. Le fait, ici, fait humain, fait social, ne pouvant pas, ou ne pouvant que par exception, être provoqué et étudié dans une expérience factice, doit être cherché dans sa réalisation spontanée, présente ou passée. Or, pris sous sa forme concrète et brute, il s'offre ordinairement, — à une observation consciencieuse du moins, — relatif (divers et variable) et complexe (c'est-à-dire peu probablement explicable par une influence précise unique).

Science positive, la science économique aurait donc à rechercher la psychologie de la vie économique au lieu de la supposer, et elle devrait s'attendre à ne la trouver ni simple ni générale. Mais ne serait-elle pas science conceptuelle plutôt qu'expérimentale ? — La réalité sociale étant trop complexe, la science qui, en vertu de son principe, abstrait et simplifie les données sur lesquelles elle travaille, étudiera ici des phénomènes économiques abstraits et simples. L'action humaine qu'elle y laissera intervenir sera également abstraite et simple. La psychologie de l'homme économique sera donc légitimement réduite à une expression stricte et élémentaire qui constituera un postulat ; et de ce postulat découleront analytiquement toutes les interventions psychologiques nécessaires à la constitution de la science. Une confrontation avec la réalité est inutile et serait sans portée, puisqu'il est entendu que la théorie est forcément abstraite et éloignée du réel.

L'économie doctrinale ne viendrait sans doute franchement à cette position extrême qu'à son corps défendant. Ce sont les critiques et les discussions qui l'ont obligée peu à peu à modérer ses prétentions à l'explication suffisante de la réalité présente, et à avouer, plus ou moins complètement, le caractère hypothétique et artificiel de ses théories. Quand Adam Smith posait au début de son livre, comme un fondement psychologique, le penchant de l'homme à l'échange[1], il est bien certain qu'il pensait non pas faire une hypothèse abstraite, mais bien constater un ré-

---

1. « ... Cette division du travail est la conséquence nécessaire... d'un certain penchant naturel à tous les hommes qui ne se proposent pas des vues d'utilité aussi étendues : c'est le penchant qui les porte à trafiquer, à faire des trocs et des échanges d'une chose pour une autre... Il est commun à tous les hommes... » (Ad. Smith, *Rich. de nat.*, liv. I, ch. 2.)

sultat positif de psychologie objective et générale. Mais, l'observation des peuples primitifs ayant aujourd'hui établi[1] que la disposition à l'échange n'est nullement naturelle à l'homme[2], il n'est désormais possible de donner à une « économie de l'échange » qu'une base psychologique hypothétique : l'homme économique sera *supposé* avoir une tendance à l'échange. La critique ayant ainsi contesté soit l'exactitude, soit la suffisance de tous les traits psychologiques par où l'homme économique était défini, il n'y avait d'autre ressource, pour maintenir néanmoins le corps de doctrine, que de postuler pour eux une valeur au moins conditionnelle. Mais, si les remarques ici présentées sont justifiées, cette position même est intenable : outre que la formule de ces postulats demande à être autrement stricte et précise, la doctrine, pour rester psychologiquement analytique, doit couper toutes les attaches qu'elle pouvait conserver avec la réalité concrète.

1. V. notamment sur ce point : Bücher, *Die Entstehung der Volkswirtschaft* (2ᵉ édition, 1ᵉʳ essai) et *Die Wirtschaft der Naturvölker.*

2. Ceci était écrit en 1899 d'après les travaux les plus autorisés à cette date. Depuis et tout récemment, des recherches nouvelles ont voulu reconnaître, même dans les sociétés les plus primitives que nous connaissions, de nombreux faits contredisant à ces thèses de Bücher (Cf. notamment Somlo, *Der Güterverkehr in der Urgesellschaft,* 1909, et notre C. R., *Année sociol.,* XI, p. 562). Mais il ne nous semble pas que ces faits, du reste très intéressants, portent sur un échange proprement dit, au sens d'Adam Smith et de notre économie moderne (*N. n.*).

Dès lors, si l'observation n'intervient même plus pour vérifier les conséquences tirées, et pour donner par là en retour une valeur de fait à l'hypothèse psychologique, cette hypothèse n'est-elle point, en droit, purement arbitraire? Que les hypothèses jusqu'ici présentées à ce rôle aient été, de plus ou moins loin, suggérées pourtant par la réalité, cela ne doit pas arrêter, indiquant simplement que nos auteurs ont manqué d'imagination, et cela s'explique de plus, historiquement, par l'illusion qu'ils ont eue peut-être de rester dans la réalité. Mais cela ne fait rien, en droit, à la nature théorique de ces hypothèses. L'hypothèse psychologique initiale étant arbitraire, beaucoup d'autres systèmes de science économique conceptuelle pourraient être construits aussi légitimement, après changement de la base psychologique adoptée. Une théorie économique pourrait être fondée, par exemple, sur l'hypothèse que le travail est un plaisir et non une peine; sur l'hypothèse que l'homme cherche son moins grand avantage; sur celle qu'il cherche à satisfaire le moins de besoins le plus mal possible[1]; et sur chacune des multiples hypothèses de ce genre, plus ou moins précises et plus ou moins fantaisistes, qui peuvent s'imagi-

---

[1]. Nous rappellerons plus loin (étude V, sect. III) que des possibilités de ce genre ont été, en effet, conçues par des économistes de cette direction théorique: mais ils n'en tirent pas, bien entendu, les mêmes conclusions (*N. n.*).

ner[1]. Théoriquement ces constructions, pourvu qu'elles fussent exactement conduites, auraient une même valeur. Il n'y aurait pas de raison externe de préférer l'une à l'autre, puisque le souci de la réalité concrète serait secondaire et accessoire.

Mais on peut contester peut-être que même ce jeu d'esprit scientifique soit vraiment possible par la seule analyse. La déduction est une voie dangereuse qui ne peut être suivie avec sécurité (hors la matière de pur concept) qu'avec l'appui et le contrôle possible, aux moments décisifs, de l'expérience. Ici cette possibilité d'expérience ferait défaut en principe. La matière étant malgré tout psychologique, c'est-à-dire complexe et qualitative, la témérité de se fier entièrement à l'analyse apriorique ne serait-elle pas condamnable? Et si, obscurément, inconsciemment peut-être, l'observation psychologique devait, malgré le principe, intervenir dans le travail, n'y aurait-il pas tout avantage à ce que cette intervention fût voulue, méthodique? — Dans l'étude du facteur psychologique en économie, la pure déduction sur hypothèse arbitraire ne serait donc en définitive qu'un pis-aller.

Est-ce que donc la recherche inductive ne

1. V. à ce propos l'essai de P. Lester Ward, *L'économie de la douleur et l'économie du plaisir* (*Annales de l'Institut international de sociologie*, t. IV), qui, bien qu'il suive lui-même une méthode positive, pourra suggérer des hypothèses applicables ici.

pourrait s'appliquer à cette étude, ou entraînerait de plus graves inconvénients ?

Les difficultés d'une méthode expérimentale en science sociale sont indéniables, et les résultats à en espérer apparaîtront assurément modestes pour l'effort dépensé à les obtenir. Même il y a lieu de remarquer que cette méthode apparaît particulièrement difficile et ingrate à employer dans l'investigation qui lui est ici proposée, dans la recherche des influences psychologiques qui peuvent intervenir dans les phénomènes économiques. Les éléments psychologiques dont il peut s'agir dans cette étude ne relèvent qu'indirectement de la psychologie individuelle ; ils appartiennent essentiellement à une psychologie de groupe, à une *psychologie sociale*. Les phénomènes de psychologie sociale échappent à l'introspection individuelle ; ils doivent être étudiés objectivement. Mais ici ils sont complexes et ils sont multiples ; l'activité et la passivité économiques de l'homme procèdent, à tous moments, du concours, de l'opposition ou de la combinaison de plus d'un facteur ; et ces actions et passions diffèrent et changent pour les mêmes cas, selon les sociétés, selon les époques, selon les milieux, selon les classes et les groupes sociaux. Une information sociologique étendue et exacte, dans le temps et dans l'espace, est donc nécessaire ; or, il est à craindre que dans l'état de nos connaissances et de nos sources, elle ne soit souvent insuffisante. L'induction, poursuivie, sur ces bases de fait, selon une méthode expérimentale ou (ici) comparative, devra donc être très prudente pour rester rigoureuse et valable.

Mais la difficulté ne doit pas arrêter d'employer une méthode, si elle est bonne ; et la médiocrité des résultats ne doit pas inquiéter, s'ils sont solides : alors surtout que toute autre voie serait suspecte, et que les résultats autrement obtenus seraient sujets au doute. — Du reste ici, comme dans le domaine de toute science, certaines parties sont plus aisées à étudier, et peuvent l'être assez vite avec fruit : il appartient à un travail scientifique bien conduit de s'attacher, à chaque moment, justement aux questions où il peut aboutir. Le succès divers des efforts antérieurs doit nous être instructif. Il ne sera sans doute guère contesté que, des théories présentées par l'économie doctrinale, la plus solide est la théorie de la monnaie : ne serait-ce point, notamment, parce que dans l'usage de la monnaie l'attitude psychologique des hommes est relativement simple et assez uniforme chez les divers individus et les diverses sociétés ? (au lieu que, par exemple, pour l'emploi et le placement des capitaux, l'attitude serait complexe et diverse selon les hommes). Il sera volontiers reconnu aussi que la théorie de la banque et du crédit est plus avancée que beaucoup d'autres : ne serait-ce point, entre autres raisons, parce que les phénomènes du crédit et de la banque dépendent surtout d'une classe d'hommes spécialisée, et que cette classe, dans son action spécialisée, suit sans doute une psychologie également spécialisée, dont l'analyse peut se rendre maîtresse, et où l'induction peut s'assurer ? (au lieu que les phénomènes de la répartition par exemple, intéressant toute espèce d'hommes, mettent en jeu tant de psychologies différentes que l'analyse ne saurait trop où se prendre et l'induction où se fonder).

Il ne faut donc point s'étonner que la science économique, expérimentalement conduite, en matière psychologique comme en toute autre, avance peu et donne peu. Ce n'est point un argument que d'opposer à ses résultats fragmentaires, et toujours provisoires, le corps de doctrine classique où toutes les questions semblent avoir des solutions. C'est plutôt, en effet, un caractère des connaissances primitives et grossières que de prétendre expliquer tout : la vraie science, lorsqu'elle arrive, explique d'abord beaucoup moins. Le guérisseur de village a moins de doutes sur les causes des maladies que le médecin scientifique ; et l'almanach se charge de déterminer et prévoir des phénomènes dont le Bureau des longitudes n'espère pas de longtemps rendre compte. — La science économique a présentement à se sentir fortement ignorante : c'est peut-être le progrès dont elle a le plus besoin. Une méthode vraiment expérimentale, notamment en *psychologie économique*, saurait lui inspirer cette modestie, — plus tard féconde.

II

THÉORIE DE SCIENCE ET DOCTRINE D'ACTION

Si la science économique, comme les autres sciences, doit se garder du finalisme, elle ne doit point pour cela, non plus que les autres, se désintéresser de la pratique, et ne pas se soucier de parvenir à fonder une pratique rationnelle : c'est là proprement la tâche de la science appliquée correspondant à la science économique proprement dite. Mais peut-elle, dès maintenant, accomplir cette fonction et dans quelle mesure ? Une œuvre, encore récente et déjà classique, nous a donné l'occasion de poser ce grave problème.

Cette œuvre[1] est certainement l'effort de synthèse le plus considérable qui dans ces dernières années ait été tenté par un économiste français...

[1]. Extrait de l'étude présentée dans l'*Année sociologique*, t. VIII (1903-04), 1905, sur l'ouvrage : Maurice Bourguin, *Les systèmes socialistes et l'évolution économique*. Paris, 1904. Actuellement en 3ᵉ édition.

A vrai dire, scientifique de matière, scientifique d'intention elle n'est pas, ou du moins pas exclusivement, scientifique de principe et de portée. Il semble qu'elle soit née surtout d'un sentiment, du besoin qu'un homme de cœur, sans préjugés intéressés, a éprouvé, en présence des misères et des injustices de la société actuelle, de reconnaître, avec bonne foi et solide raison, à quelles solutions pratiques, vers quelle doctrine d'action son humanité profonde doit le conduire. Un tel soüci initial, même si chez un esprit réfléchi il porte à des recherches de science, risque de les orienter autrement que ne le ferait la simple curiosité du vrai, recherché d'abord en soi et pour lui-même...

Trouvant devant lui, attirante par sa générosité, considérable par son influence et son développement, une doctrine de transformation sociale complète, de caractère surtout économique et qui se dit fondée sur la science même, la doctrine socialiste, M. Bourguin, avant d'y accorder ou d'y refuser son adhésion pratique et voulant se garder de tout entraînement sentimental et irraisonné, s'est proposé de soumettre cette doctrine, en économiste et en savant, à l'examen de la raison et des faits. Il s'est efforcé, d'abord, de se représenter intégralement constitués les systèmes socialistes des divers types, et de rechercher si et à quelles conditions il peuvent fonctionner, comment et avec quels avantages ou désavantages ils assureraient l'existence et le développement de la société. Mais cet examen, surtout dialectique, et quel qu'en soit d'ailleurs le résultat, ne suffit pas. Estimant que la constitution sociale ne se modifie pas au gré des conceptions individuelles et que la probabilité ou les chances de réalisation d'un ordre social, même rationnellement parfait, ne peuvent s'apprécier que par une étude des faits et de l'évolution commencée, M. B. s'est donné à tâche, en second lieu, d'analyser les phénomènes dominateurs de l'évolution économique présente et de rechercher, du point de vue d'une science positive et expérimentale, le sens et la portée de cette évolution...

I. — CRITIQUE D'UNE DOCTRINE D'ACTION PAR LE RAISONNEMENT

Ce n'est pas notre intention d'aborder ici en elle-même la discussion de doctrines dont M. B. a fait la première partie de son ouvrage, de rechercher si l'exposition des thèses socialistes est aussi fidèle et complète que possible, si celles auxquelles il s'attache surtout ont vraiment le sens et l'importance qu'il leur attribue, si les auteurs chez qui il les prend sont tous les théoriciens les plus représentatifs du socialisme passé ou présent, si ces thèses, indépendamment des systèmes pratiques où elles sont utilisées, sont spécifiquement socialistes, et si de leurs imperfections il est équitable de faire grief uniquement aux théoriciens socialistes. — Il nous intéresse seulement à cette place d'étudier la méthode et le caractère véritable de cette critique. A la différence de beaucoup de prétendus économistes réfutateurs du socialisme, M. B. apporte à exposer, à comprendre, à interpréter la doctrine étudiée, une bonne foi et un scrupule extrêmes, qui le portent parfois à chercher lui-même consciencieusement comment la doctrine pourrait se compléter, se construire, en des points où dans les auteurs qualifiés elle lui apparaît insuffisante; il laisse à la polémique courante les arguments trop vulgaires et les arguments à côté; et il fait de sincères efforts pour se garder des réactions de sentiment, et des opinions toutes faites. C'est à l'essence même des systèmes qu'il a voulu s'attaquer, et par des arguments de science et de raison...

En les traitant ainsi sous leur formule abstraite et théorique, M. B. pense que sa critique ne peut faire appel qu'au raisonnement, à la déduction. Mais de quelle déduction use-t-elle au juste et d'où part cette déduction? On pourrait concevoir que le développement déductif des conséquences tirées ou à tirer des principes du système, que la corrélation déductivement cherchée entre diverses parties de la théorie aboutit à mettre en évidence des fautes de logique, des contradictions. (Resterait d'ailleurs à montrer que ces contradictions et ces oppositions conceptuelles entraînent des impossibilités d'existence, c'est-à-dire que la réalité ne peut certainement pas, sur les points en question, faire échec à notre logique). Mais il n'apparaît pas, en somme, de cas de cette sorte dans la présente critique ; tout au plus, se rapprocherait de ce type l'argumentation par laquelle M. B. en un endroit (p. 84) veut établir que, dans un système, la mesure de la valeur proposée revient proprement à une conception irrationnelle ; encore pourrait-on discuter, et soutenir que cette mesure peut être dite théorique, impraticable, irréalisable, plus exactement qu'irrationnelle. Mais cet exemple est isolé.

Presque toujours, la critique de M. B. se ramène à l'un des deux types suivants. — Une fois qu'il a, par voie de déduction, dégagé des principes des divers systèmes les conséquences de détail, mesures d'application, modes de l'activité humaine, fonctions des individus et des organes sociaux, sa critique consiste à remarquer que ces conséquences apparaissent peu pratiques, difficilement réalisables en fait ; mais ceci est extérieur à la déduction proprement dite, et ceci est proprement un appel à l'expérience ; en dehors d'une contradiction interne réelle qui éliminerait toute possibilité d'existence, la notion d'impraticabilité, de difficulté, ne peut être qu'empirique et a posteriori ; c'est juger le système d'organisation sociale en question, non pas du dedans et par raisonnement abstrait, mais du dehors et par un argument de fait, et cela devrait nous renvoyer, sans conclusion prématurée, à la troisième partie de l'ouvrage, à celle où l'auteur veut confronter les doctrines avec les inductions tirées des faits.

Mais l'argumentation prend souvent un autre tour, et dans ce cas, semble-t-il au premier abord, n'use bien que du raisonnement, sans devoir faire appel à aucun élément empirique, et en ce sens serait déductive. Le développement des principes des systèmes étant posé, l'accomplissement des fonctions économiques, tel qu'il est possible dans ces conditions, étant décrit, la critique consiste à s'efforcer de montrer que l'équilibre économique entre les besoins de la consommation et les produits s'établira mal ou avec peine, que les prix des produits ne pourront commodément se fixer à leur valeur, que la liberté de l'individu sera limitée ou compromise. Je ne discute pas ici, est-il besoin de le rappeler, si ces démonstrations sont fondées ou non. Mais à supposer qu'elles soient entièrement fondées, en quoi sont-elles un argument et où gît exactement la force probante de l'argument ? Est-ce seulement en ceci que l'équilibre de la consommation et de la production, que la fixation des prix à la valeur, que la liberté individuelle sont choses essentiellement désirables dans une organisation sociale, et que la mesure dans laquelle elles sont réalisées peut servir à apprécier le degré de perfection et de désirabilité de cette organisation sociale elle-même ? Ce sont-là des postulats qui, dans une discussion rigoureuse, devraient être explicitement formulés comme postulats ; mais nous pouvons reconnaître qu'ils seront communément accordés, soit sans discussion, soit avec discussion, mais discussion d'idées et de raisonnement, non discussion de faits et d'expérience. S'en tenant à les employer ainsi, l'argumentation resterait donc rationnelle et apriorique. Mais que prouverait-elle ? On pourrait démontrer à un aveugle que l'œil de l'homme est un appareil d'optique imparfait : cela ne lui serait pas une raison de ne pas désirer l'usage de cet œil, même mauvais instrument d'optique. Autrement dit, l'argumentation qui reproche aux systèmes socialistes de ne pas assurer bien l'équilibre économique, ni la fixation des valeurs, ni la liberté, ne peut pas se contenter d'établir que ces qualités en effet très désirables dans une organisation sociale ne sont pas possédées au degré parfait par l'organisation socialiste. Elle doit faire plus, elle doit impliquer que ces qualités désirables sont déjà possédées par l'organisation sociale à laquelle l'organisation socialiste prétend se substituer, qu'elles sont actuellement réalisées ou de façon complète ou en tout cas beaucoup mieux qu'elles ne le seraient dans la société socialiste.

Et en effet ces deux branches de l'argumentation ne font qu'un dans presque toute la critique de M. B. ; il ne dit pas seulement : en système socialiste, la fixation des valeurs ne serait pas assurée dans de bonnes conditions ; il ajoute aussitôt : ... ne serait pas assurée comme elle l'est, dans le système actuel de concurrence, par le jeu de l'offre et de la demande. Mais ceci est un nouveau postulat et d'autre sorte que ceux dont nous avons il y a un instant accepté l'admission. Il suppose toute une certaine analyse de la société économique présente, il suppose que cette analyse est définitive, qu'elle est incontestée ou incontestable. Et ce n'est plus argument de raison, mais d'expérience : ce n'est pas parce que ce sont brocarts familiers à l'économie classique orthodoxe que ces propositions, avant d'être utilisées à nouveau, n'ont pas besoin d'être sérieusement critiquées et établies par des preuves de fait. Sinon cet appel constant à cette orthodoxie indémontrée n'est pas autre chose que l'argument d'autorité. Par exemple, les prix, nous dit-on, sont ramenés à la valeur ou au prix normal par le libre jeu de l'offre et de la demande. Qu'est-ce à dire ? Est-ce que le niveau de la mer est déterminé par les mouvements de marées ? Sont-ce les oscillations autour de la position d'équilibre qui déterminent cette position d'équilibre ? Il faudrait d'abord établir que les causes des oscillations sont les mêmes exactement que les cau-

ses de l'équilibre. Et ces causes, les unes et les
autres, ne peuvent être valablement établies que
par une méthode expérimentale[1]. Sans entrer ici
dans une théorie aussi délicate et complexe, je
crois qu'une recherche réellement dégagée des
postulats et des tautologies de l'école, aboutirait
à découvrir, comme véritablement explicateurs
de la fixation des prix, des éléments inaperçus
ou trop négligés; que la théorie du prix ainsi
conduite apparaîtrait un peu moins simpliste;
que la libre concurrence, l'offre et la demande,
la liberté des échanges, etc., et toutes ces formules traditionnelles trop souvent et inutilement
répétées sans critique, se montreraient bien in-
suffisantes à rendre compte des phénomènes
réels qui caractérisent notre vie économique présente et que l'objet premier de la science économique est d'y expliquer. Nous demanderions de
même une étude positive qui déterminât avec
précision à quelles conditions et dans quelle mesure le prétendu équilibre de la consommation
et de la production se réalise en fait dans le système économique actuel, quelles sont les conditions et la valeur exacte de la prétendue liberté
économique des individus dans ce même système,
etc. (Et peut-être, ce travail fait, les thèses du socialisme ressortiraient-elles moins éloignées de

---

1. Cf. ci-dessous notamment Ét. V, section iv, et VII, sect. ii
(*N. n.*).

la réalité en marche qu'il n'apparaît à M. B. Mais cette remarque sort du cadre de cette étude.)

Ce qu'il nous importe de constater ici, c'est que la discussion dialectique à laquelle est consacrée la première partie de cet ouvrage n'a que les apparences d'une discussion rationnelle et apriorique, et qu'en dernière analyse elle aboutit toujours à invoquer soit des faits soit des interprétations de faits, et que ces faits et ces interprétations de faits ne sont pas directement et préalablement établis par l'auteur comme hors de conteste.

II. — ÉTABLISSEMENT D'UNE DOCTRINE D'ACTION PAR LES FAITS

Nous n'avons pas non plus à étudier ici en elle-même la dernière partie de l'œuvre de M. B., mais seulement à essayer d'en définir la position méthodique et la portée de science. Le titre donné à cette section *Inductions tirées des faits* ne nous paraît pas en exprimer de façon exacte ni de façon complète le caractère véritable. — Mettant à profit les constatations que dans le livre III il a faites sur les tendances et les grands phénomènes de l'évolution économique contemporaine, l'auteur se propose de déterminer quelle doctrine d'action peut se dégager légitimement de ces bases d'expérience. Il oppose, d'abord, le

système de l'individualisme et celui du collecti-
visme, reprochant principalement au premier de
négliger ou de ne pas voir des courants effectifs
et incontestables qui contredisent ses positions
essentielles, au second de dépasser beaucoup
trop les inductions légitimes à tirer des faits
qu'il invoque, de faire trop bon marché des actions inhibitrices ou retardatrices qui s'opposent
à ses thèses, et enfin de tirer trop vite des arguments de certaines tendances au déséquilibre et
à la catastrophe qu'il a cru remarquer dans la
société actuelle et qu'une observation plus exacte
ne vérifie pas. Et posant un idéal de développement démocratique, conforme d'ailleurs, suivant
lui, à la tendance dominante que l'observateur
découvre dans l'évolution contemporaine, M. B.
trace, avec un grand effort de précision, de pon-
dération et de prudence dans les jugements, dans
les hypothèses, dans les affirmations, un tableau
des transformations sociales que la science écono-
nomique permet actuellement de prévoir ou du
moins de considérer comme possibles et que
l'homme de bonne volonté peut tenir pour désirables.

Par là, M. B. nous paraît faire trop ou trop peu.
Je ne crois pas que la faible somme de connaissances positives, vraiment bien établies, par
une méthode toute d'observation, sans anticipa-
tions conceptuelles et aprioriques, dont la science
économique proprement expérimentale peut faire

état à ce jour, soit suffisante à fonder en rigueur tout le plan d'évolution sociale que M. B. appelle « Inductions tirées des faits » ; je ne la crois pas capable de donner simplement une certitude négative qui autorise à éliminer les systèmes antipathiques à notre auteur, comme chimériques et contraires aux données les plus assurées de l'expérience. Les inductions que la science économique positive a vraiment le droit de formuler à ce jour, comme ressortant de faits et d'expériences pleinement valables, sont, je crois, beaucoup plus modestes et plus fragmentaires ; elles ne vont pas aussi loin dans l'avenir, et elles ne contiennent pas encore, en elles-mêmes, de direction générale qui soit assez une, assez précise et assez définie, pour servir de norme scientifique aux systèmes d'application. Ce qui permet à M. B. d'aller au delà, c'est, qu'il tient pour résultats de science et traite comme tels un certain nombre de propositions qui sont plutôt, semble-t-il, un résidu de l'orthodoxie économique traditionnelle, et qui, dans cette partie constructive comme précédemment dans la partie critique, pénètrent jusque dans son observation de la réalité, sans qu'une critique expérimentale en ait à nouveau éprouvé la valeur.

Mais si, dans l'ensemble des propositions considérées comme établies et dont on tire des inductions, on admet cet ordre de propositions, théories conceptuelles, théories d'attente, théories provisoires, qui peut-être sont une nécessité temporaire dans le progrès de la connaissance, mais dont il faut en tout cas ne pas oublier le caractère exact, on pourrait, je crois, opposer aux inductions de M. B. d'autres inductions qui, comme elles, dépasseraient la matière positive vraiment acquise et, contre elles, affirmeraient où celles-là doutent, et douteraient où celles-là affirment, et qui, au point de vue strict de la science positive, auraient sensiblement la même valeur. Ce n'est pas à dire qu'entre elles un choix raisonné ne puisse ni ne doive s'établir ; mais il faut reconnaître que ce choix procédera, pour une part peut-être essentielle, de raisons étrangères à la science économique, soit de données fournies par d'autres branches de la sociologie (évolution de certaines idées morales, évolution de la constitution politique ou sociale, etc.), — et sur l'emploi immédiat de ces données, les sciences spéciales correspondantes feraient sans doute des réserves analogues aux nôtres, — soit de dispositions sentimentales plus ou moins contingentes et plus ou moins personnelles.

Peut-être l'effort, qui certes est légitime, et qui même s'impose au savant conscient de ses devoirs de citoyen et d'homme, de fonder une pratique rationnelle sur les résultats d'une étude expérimentale de la réalité sociale, pourrait-il s'orienter autrement avec plus de fruit. Les systèmes sociaux construits par une pensée individuelle peuvent avoir une valeur ; et il n'est pas sans intérêt de les étudier et de les discuter. Les formules sur lesquelles les hommes ou certains groupes d'hommes s'unissent et unissent leur action et par lesquelles ils croient volontiers s'expliquer cette action ne sont pas sans importance non plus ; et une étude légitime peut s'y attacher. Mais considérer que, pour comprendre et pour juger un mouvement social, il soit suffisant, — et considérer même qu'il soit nécessaire, — d'étudier et de critiquer soit les systèmes individuels, soit les formules collectives qui correspondent à ce mouvement, c'est, je crois, se condamner d'avance à ne pas connaître la part la plus réelle de l'objet qu'on voulait atteindre. Les systèmes qui s'élaborent *en fait,* dans certains milieux, dans et par certaines institutions, dans la vie même de notre société complexe, ont une importance beaucoup plus grande que ces éléments idéologiques et pour une part artificiels : par exemple, la vie syndicale, la vie des coopératives, la vie des trusts et la vie des cartells, le développement municipaliste, la production artisane, l'initiative des énergies et l'expansibilité de besoins dans tel pays ou dans tel milieu, le maintien traditionnel des modes d'activité et des désirs dans tel autre, la vie même des partis politiques et sociaux (à la condition qu'elle soit prise non dans les œuvres de théoriciens souvent fort éloignés du mouvement véritable, mais dans sa réalité positive), créent, de façon plus ou moins consciente ou plus ou moins nette, mais sûrement, progressivement, des règles, des habitudes, des formes sociales nouvelles, des principes d'existence, qui sont des réalités plus résistantes et plus essentielles que les imaginations ou ratiocinations du penseur isolé le plus original. Ce sont là les objets auxquels devrait se prendre de préférence une étude d'esprit expérimental et évolutionniste, et non pas aux élaborations livresques, aux formules conceptuelles et aux constructions aprioriques et irréelles. L'exemple du beau travail de M. et Mme Webb, *Industrial democracy*, est là pour rassurer les esprits curieux de vues d'avenir et amateurs de longues perspectives, et leur montrer qu'une étude sociologique méthodique, expérimentale et positive, conduite et accomplie avant tout pour elle-même et valant essentiellement à ce titre, d'abord, comme un apport définitif de faits et, ensuite, comme une première interprétation acquise à la science, n'exclut pas, au surplus, la réflexion constructive de son exercice légitime, et lui donne seulement cette supériorité de s'exercer sur une matière vraiment réelle et scientifique, et cette supériorité encore de juger et de limiter exactement son propre rôle et sa propre portée.

Si nous voulons interpréter en ce sens la fin du livre de M. B., c'est-à-dire y voir non pas uniquement, à parler en toute rigueur, des « inductions tirées des faits », mais un système destiné à l'action qui, tout en les suivant, les dépasse, s'il le faut, et anticipe sur les connaissances vraiment acquises, nous y trouverons une nourriture solide pour l'esprit qui veut examiner, en vue de résolutions pratiques plus ou moins immédiates, les parts principales et les diverses faces de ce qu'on appelle aujourd'hui le « problème social ». Mais, en même temps, et de ce point de vue, tombe le reproche que l'auteur adresse si souvent aux théoriciens socialistes modernes, reproche qui paraît lui être tellement à cœur qu'en le formulant il oublie un peu sa modération de langage habituelle. Les théoriciens socialistes récents, nous dit-il, si insistants et si copieux dans la critique de la société actuelle, dans l'étude des défauts et des troubles, des tendances et des germes d'avenir qu'ils y découvrent, se bornent à quelques sommaires formules et à quelques explications très générales dès qu'il s'agit pour eux d'exposer l'organisation sociale en laquelle, selon leur doctrine, la société actuelle doit se tranformer. Ce reproche pourrait par eux être plutôt pris à éloge et comme un témoignage de leur esprit scientifique. Leur souci de la réalité et de l'observation les rapproche toujours davantage des données positives et des études expérimentales, et les détourne de rechercher, pour tous les détails d'un avenir éloi-

gné, des précisions d'induction qui seraient illégi-
times et trompeuses. Mais pourquoi, en même
temps et sachant distinguer les domaines, n'au-
raient-ils pas le droit, pour la pratique nécessaire,
de tirer des inductions d'ensemble, qui dépassent
et présument dans une certaine mesure les lentes
avancées de la connaissance positive, et de donner, de leurs aspirations, des formules qui leur
servent de programme d'action et définissent
leur but ? Et pourquoi ne serait-ce pas justement
leur mérite de laisser à ces formules le degré
d'imprécision exactement nécessaire pour que
l'incorporation progressive des résultats nouveaux de la recherche scientifique y soit possible
et normal, et qu'au lieu d'une imagination constructive plus ou moins arbitraire, la science soit
seule à diminuer de plus en plus cette part dès
lors légitime d'indétermination ? — Ainsi pourrait se définir une alliance de la connaissance
positive et des systèmes d'action pratique, qui
ne compromettrait les droits ni de celle-ci ni de
celle-là, qui, au contraire, en séparant leurs domaines alors même qu'elle les rapproche, assu-
rerait la collaboration de l'une avec l'autre à la
fois la plus constante et la plus sûre...

III

UNE THÉORIE SELON LA « MÉTHODE ABSTRAITE »

Le travail que nous allons examiner[1] procède d'une méthode nettement opposée à celle que nous préconisons, mais il l'applique avec talent, avec virtuosité même, et à un objet très important et très caractéristique. C'est avec la théorie de l'intérêt que l'école autrichienne, dans le grand ouvrage de M. de Böhm Bawerk, a montré le mieux peut-être ses principes, ses procédés et ses tendances, la nature et la valeur des résultats auxquels elle a pu aboutir. Reprenant la théorie où M. de Böhm Bawerk l'a laissée, M. Landry y donne une forme sienne qui paraît supérieure à celles de ses devanciers[2]. Par sa lignée illustre

1. Étude parue dans l'*Année sociologique*, t. VIII (1903-04), 1905, sur l'ouvrage : Adolphe Landry, *L'intérêt du capital*, 1904. Pour l'analyse du livre nous renvoyons à ce volume de l'*Année*.

2. Depuis ont paru de nouveaux travaux, que nous avons également étudiés : notamment, Irving Fisher, *The rate of interest*, 1907, *Année sociologique*, t. XI (1906-09), 1910, p. 688-96, bon exemple

comme par sa valeur propre, cette œuvre mérite donc d'être prise comme un type sur lequel une discussion méthodologique peut s'ouvrir avec fondement et avec portée...

I. — MÉTHODE « ABSTRAITE » ET MÉTHODE « IDÉOLOGIQUE »

La méthode suivie dans ce travail est, selon l'auteur, la méthode « abstraite » dont l'emploi est rendu nécessaire par la complexité des faits concrets de la vie économique auxquels répond la théorie. Cette qualification d'abstraite est équivoque. Toute connaissance scientifique procède par abstraction, au sens propre du mot, et la méthode expérimentale elle-même est, en ce sens, abstraite du moment où elle isole un phénomène, où elle dégage une relation. Le caractère de la méthode en question n'est donc pas déterminé par l'emploi de l'abstraction, mais par l'espèce d'abstraction employée. Au lieu que les abstractions de la méthode expérimentale font un effort incessant pour se modeler ou se régler sur la réalité concrète, se soumettent sans cesse à un contrôle de correspondance avec les faits et ne

pour une discussion de la méthode à la fois abstraite et mathématique ; dans une toute autre direction, diverses études de faits, notamment Hainisch, *Die Entstehung des Kapitalzinses*, t. XI, p. 696-98 (à propos de cet ouvrage, remarques sur la portée des études d'origine en pareille matière). — (*N. n.*).

valent que dans la mesure où cette correspondance se vérifie, les abstractions dont il s'agit ici sont des *idées*, que l'esprit de l'auteur forme à l'occasion, sans doute, de certaines données objectives originelles, mais qu'il forme librement, sans le souci immédiat d'une correspondance avec les faits, qu'il définit, modifie, combine en se gardant seulement de la contradiction formelle, mais sans préoccupation de la vérification expérimentale, et par sa seule faculté rationnelle de déduction, de présomption, d'imagination. Par exemple, l'étude du phénomène de l'intérêt ne consistera pas, selon cette méthode, à observer en fait ce qu'est l'intérêt dans la vie économique présente ou passée, à le définir par des caractères objectifs ressortant de cette première observation, à reconnaître ensuite toutes les notions de fait qu'il est possible de réunir sur cet objet ainsi défini, à rechercher des cas d'expérience susceptibles de montrer avec quels autres phénomènes il est en relation, et à tâcher de dégager ces relations et d'en déterminer la valeur plus ou moins générale. L'étude consistera à définir l'intérêt par les caractères que l'esprit juge analytiquement convenir à la notion, à se poser telle ou telle question à propos de l'idée d'intérêt ainsi formée (le choix de ces questions étant, dans quelque mesure, arbitraire et tout relatif aux habitudes de pensée soit de l'auteur, soit de son milieu), à essayer de résoudre les questions, ainsi posées, par des raisonnements logiquement corrects, dont les prémisses soient fournies par la définition de l'intérêt ou par des définitions de caractère analogue, ou par quelques postulats généraux de forme également conceptuelle. Ce n'est donc pas « abstraite » qu'il faut appeler cette méthode pour la caractériser, mais « conceptuelle » ou *idéologique*.

Comment critiquer les résultats obtenus par une telle méthode ? — 1° Par les faits ? A telle ou telle conclusion, ou à telle ou telle proposition du cours de l'étude, pourra-t-on objecter qu'en fait il ne semble pas que dans notre société, ou dans toute société, les choses se passent ainsi, ou se passent toujours ainsi ? Envers un argument de ce genre, la position de la méthode idéologique est très forte. Les observations de faits, ou de certains faits, coïncident-elles avec ses thèses ? Elle en tire avantage pour prouver son excellence. Ne coïncident-elles pas ? La faute en est à la complexité des phénomènes, à la difficulté d'une observation vraiment conforme aux positions de la théorie, à la part d'arbitraire ou de contingence qui existe dans toute réalité concrète[1] (Cf. dans notre auteur p. 340 et passim.) Et ceci fait, par exemple, que, sans penser se contredire,

---

1. Ceci n'impliquant pas d'ailleurs un indéterminisme de système, car la part du contingent ainsi invoquée peut n'être contingente que *par rapport* à une certaine science, à la science particulière dont relève la théorie en question.

notre auteur peut, d'une part, repousser le contrôle des faits sur sa théorie, et, d'autre part, soutenir que sa théorie est nécessaire pour les comprendre. Nous sommes donc forclos du droit de nous demander : cette théorie faite, qu'est-ce que, dans la réalité, nous nous expliquons de plus ou mieux qu'avant ? ce livre fermé, quelle explication pouvons-nous en retirer, par exemple, de ce grand fait si souvent invoqué (et qui demanderait du reste à être précisé et défini) de la baisse du taux de l'intérêt ? Même si nous n'en entrevoyons aucune, l'argument ne sera pas pertinent, pourra-t-on nous dire, pour plusieurs raisons peut-être, en tout cas pour celle-ci que l'intérêt dont nous parlerions en ce cas ne serait pas sûrement le même que celui dont M. L. nous a fait la théorie (ne contiendrait-il pas en effet, en plus, la prime de risque, et n'est-ce pas cette prime seulement qui a varié ?)[1].—Admettons donc, pour un instant, qu'une théorie économique n'a pas pour objet d'expliquer les faits économiques d'observation et ne saurait être contrôlée par eux, et gardons pour nous tous les arguments de fait que nous aurions à y opposer.

---

1. Cf. encore, sur le rapport des théories de ce genre avec les faits, ci-dessous Ét. V, sect. II, Ét. VII, sect. III (*N. n.*).

II. — AUTRES HYPOTHÈSES ET DÉDUCTIONS POSSIBLES

Reste de la critiquer en elle-même. Mais comment ? Suffira-t-il de rechercher s'il n'y a pas dans les raisonnements de contradiction logique ? et s'il est reconnu que les raisonnements sont corrects, déclarerons-nous par cela seul la théorie satisfaisante ? Non, et aucun des économistes qui emploient cette méthode ne voudrait que ses théories fussent jugées sur le seul mérite de n'être pas contradictoires. Si ces théories ne se préoccupent pas, avant tout, d'interpréter la réalité observable, elles prétendent exprimer ou constituer ce qu'on pourrait appeler une réalité conceptuelle. On s'entend, de façon explicite, ou plus souvent de façon implicite, sur un certain nombre de propositions qui sont en quelque sorte les fondements de cette réalité conceptuelle : proposition que l'homme considéré est *l'homo economicus* (c'est-à-dire que les actions humaines dont on raisonne sont exclusivement actions tendant à l'intérêt bien entendu des individus); proposition que le milieu économique considéré est milieu de concurrence parfaite, etc. Ces propositions étant entendues (ou sous-entendues), le jeu de la théorie est de déterminer ce qui, dans ces conditions, doit se produire, et d'expliquer comment ce qui se produit se ramène à ces propositions fondamentales. Pour atteindre les phénomènes, croit-on, dans leur forme « la plus simple », on nous conduit d'ordinaire, d'abord, dans l'île de Robinson ; puis on nous ramène entre plusieurs hommes, et enfin dans une société complexe. M. L. ici veut bien nous épargner ce voyage et se place tout de suite dans la société (p. 8).

Quel peut être le mérite, et quel peut être le défaut d'une telle théorie, du point de vue même de nos théoriciens ? Analysant la conduite de l'homo economicus, dans des conditions plus ou moins complexes, une théorie peut être convaincue d'avoir mal entendu l'intérêt de l'homo economicus, ou de n'avoir pas dégagé au juste, ou pas prévu dans tous les détails et toutes les conséquences, quel était cet intérêt bien entendu, ou bien de ne pas avoir prévu toutes les hypothèses ou combinaisons de conditions, ou bien de n'avoir pas déduit toutes les conséquences à tirer dans ces diverses hypothèses. Ainsi M. L. a sur M. de Böhm Bawerk la supériorité d'avoir découvert que, même dans le cas où besoins et ressources restent relativement les mêmes, le fait de capitaliser entraîne un déséquilibre de la consommation, que ce déséquilibre, en vertu d'une application des postulats admis par l'un et l'autre, est en lui-même et par lui seul une diminution de la somme totale des jouissances de l'individu considéré (d'où se tire facilement la conclusion que l'homo economicus ne consentira pas à ce déséquilibre sans une compensation). Ou encore M. L. aura la supériorité de montrer que les raisons que l'homo economicus prêteur peut avoir de demander un intérêt, ou l'homo economicus emprunteur d'en donner un, sont parallèles ou concourantes, et non pas réductibles à une seule, c'est-à-dire qu'elles sont des applications différentes de l'intérêt bien entendu et dans des hypothèses à distinguer, et non pas une seule et même application de cet intérêt.

A quelles conditions une théorie sera-t-elle donc la théorie définitive ? A condition qu'elle ait prévu toutes les hypothèses, qu'elle ait tiré toutes les déductions, qu'elle n'ait fait appel à aucune interprétation arbitraire ou imparfaite des postulats fondamentaux. Mais, à ce compte, la théorie satisfaisante existera-t-elle jamais ? Par exemple, notre auteur, lorsqu'il analyse les raisons qu'on peut avoir de demander ou de consentir un intérêt, raisonne sans cesse de l'emploi intégral, par l'individu considéré, de tout son revenu (il montre que, dans tel emploi ou telle combinaison d'emplois, le dernier besoin satisfait, ou la somme des derniers besoins satisfaits, est plus grande ou moins grande que dans tel autre emploi, et il en tire telle ou telle conséquence). Mais pourquoi ne fait-il pas l'hypothèse différente que l'individu, tous ses besoins satisfaits, a un excédent de revenu inemployé ? On considère le cas où les besoins croissent plus que les ressources, celui où les ressources croissent plus que les besoins, celui où ressources et besoins restent les mêmes ; mais cela n'est pas traiter le cas où, statiquement, dans la position initiale elle-même, les ressources dépassent les besoins. Dira-t-on que le cas n'est pas fréquent ? — Argument de fait que nous n'acceptons pas dans cette méthode. — Que le cas n'est pas vraisemblable ? — Il suffit qu'il soit possible ; et d'ailleurs n'est-il pas beaucoup plus admissible qu'il n'apparaîtrait au premier abord ? La loi de l'extensibilité des besoins humains est tellement relative qu'elle ne nous paraît pas permettre de le nier à priori. Ou bien dira-t-on que les conséquences, en ce qui concerne la demande d'intérêt, n'apporteraient aucun élément nouveau et rentreraient dans les formules présentées ? Encore faudrait-il nous l'avoir explicitement prouvé. — Autre exemple : les individus dont on analyse la conduite en diverses hypothèses ont ici presque tous la faculté de prévoir leur avenir avec certitude ; on fait agir sans cesse, en effet, « l'homme dont les besoins *diminueront* », « dont les ressources *augmenteront* ». Mais pourquoi ne pas se mettre dans l'hypothèse de l'homme *qui ne sait pas* si ses besoins diminueront ou si ses ressources augmenteront, et ne pas analyser la conduite de l'homme dont les besoins *peuvent* augmenter, mais aussi peuvent baisser, dont les ressources *peuvent* croître, mais aussi diminuer ?

Dira-t-on que le cas est irréel ? Il est, au contraire, d'observation courante ; mais cela n'importe d'ailleurs pas dans cette méthode. Dira-t-on que rien de neuf n'en apparaîtrait ? Ce serait à voir. Que rien dans ce cas ne pourrait se prévoir ? Mais cette indétermination n'aurait-elle pas justement à être prise en considération dans la théorie de l'intérêt ?

Ainsi toutes les hypothèses ne sont pas faites ; mais du moins toutes les déductions sont-elles poussées également loin, ou aussi loin qu'elles pourraient l'être ? — Indiquons (sans développer l'argument, ce qui serait un peu long) un contraste : dans toute une part de la théorie, lorsqu'il s'agit d'étudier la productivité du capital et de savoir si elle importe à la théorie de l'intérêt, on suit l'opération capitalistique jusqu'à l'emploi effectif des capitaux dans la production, dans telle ou telle entreprise ; mais à un autre endroit (p. 299), pour démontrer que l'intérêt est nécessairement proportionnel au temps pendant lequel les capitaux sont avancés (et non pas progressif ou dégressif[1]), on utilise toujours les mêmes postulats, concurrence supposée parfaite, intérêt bien entendu, etc., mais, cette fois, le raisonnement ne tient que si les capitaux avancés

---

[1]. Proposition qui semble d'ailleurs contraire à certains faits très connus (intérêts de taux progressif servis par les banques de dépôts selon la longueur du dépôt) ; mais nous avons dit que, dans cette section de la critique, nous n'indiquerions pas d'objections de fait.

ne servent jamais à rien qu'à la spéculation d'argent, que si les emprunteurs empruntent pour le plaisir et ont toute faculté de se livrer à des « arbitrages » ingénieux, et ne sont jamais des producteurs, par exemple, pour qui l'emploi du capital cherché est déterminé de façon nécessaire et lié à une certaine œuvre de production. Pourquoi, là, pousser les déductions jusqu'à l'œuvre de production effective, et, ici, s'arrêter avant?

Prenons un exemple moins complexe. Il y aura intérêt demandé, nous dit-on, lorsque la capitalisation coûte au capitaliste (et c'est à savoir lorsque les besoins du capitaliste doivent diminuer dans l'avenir, lorsque ses ressources doivent croître, lorsque ses besoins et ses ressources doivent rester les mêmes : un raisonnement, plus ou moins compliqué, peut établir en effet que, dans ces trois hypothèses, le fait de la capitalisation entraîne que les derniers besoins satisfaits, aux divers moments du temps, ne sont plus égaux, et que par suite la somme maxima de satisfaction n'est pas atteinte : il y a donc sacrifice à capitaliser, et le capitaliste ne consentira à capitaliser que contre un intérêt (p. 55 et suiv. et 143-144). Très bien. Mais je me place dans l'hypothèse contraire, celle où les besoins de l'individu doivent croître ou bien les ressources diminuer, et je prends le cas schématique indiqué par M. L. (p. 48-49) d'un individu considéré pendant deux années, qui a 10 000 francs de revenu, et dont les besoins seront l'année prochaine plus grands que cette année. M. L. montre que, si cet individu épargne sur son revenu de cette année (pour la dépenser l'année prochaine en plus des 10 000 francs) une somme telle que cette année-ci et l'année prochaine les derniers besoins satisfaits soient égaux, il a obtenu la satisfaction maxima : la capitalisation ne lui coûte donc rien, elle n'entraînera donc pas de sa part la demande d'un intérêt. Mais à ce raisonnement j'ajoute ceci : en économisant 2 000 francs sans intérêt, cet individu arrête la satisfaction de ses besoins respectivement aux revenus 8 000 et 12 000 ; mais, s'il place ces 2 000 francs à 5 pour 100 et que, pour simplifier, nous égalisions entre les deux années le supplément de ressources que cet intérêt lui apporte, il pourra n'arrêter la satisfaction de ses besoins qu'à 8 025 francs et 12 025 francs (ou bien, s'il prend l'intérêt « en dedans », il n'aura pas besoin d'économiser 2 000 francs, mais moins) : pourquoi donc le postulat que l'activité économique de notre individu tend à lui assurer la satisfaction maxima de ses besoins, ne nous conduirait-il pas à la conséquence que l'individu dont les besoins vont augmenter demandera lui aussi un intérêt ? Dira-t-on qu'il capitaliserait et aurait avantage à capitaliser même sans intérêt, qu'il ne sacrifie donc rien : sans doute, mais il manque à gagner une certaine somme qu'il pourrait gagner. Pourquoi veut-on que l'homo economicus ici soit seulement un homme qui cherche *à ne pas perdre* et non pas, comme dans tout le reste de la vie économique où on le fait agir, un homme qui cherche *à gagner* ? Dès lors, voici ce que devient cette part de la théorie de l'intérêt : « Les capitalistes demanderont un intérêt : 1º si leurs besoins doivent diminuer ; 2º si leurs besoins doivent augmenter ; 3º si leurs ressources doivent augmenter ; 4º si leurs ressources doivent diminuer. » Du point de vue de la méthode idéologique, en quoi la théorie ainsi complétée est-elle vicieuse ? et, si elle n'est pas vicieuse, pourquoi ne doit-elle pas remplacer celle qu'on nous présentait d'abord[1] ?

III. — CARACTÈRE EMPIRIQUE DE LA MÉTHODE

3º Est-ce à dire que cette nouvelle théorie (à la vérité peu instructive) nous apparaîtrait, sur

---

1. On dira peut-être que cette raison de demander un intérêt rentre dans l'explication subsidiaire prévue par M. L. (raison 5, p. 145-146) : on exige un intérêt parce qu'il est possible d'en obtenir un, c'est-à-dire parce que l'intérêt existe. Mais cette raison, si on la prend ainsi, dispenserait de toutes les autres. Ou alors les premières raisons sont non seulement une explication, mais au fond une justification de l'intérêt et cela nous conduirait aux remarques ci-dessous. — Ou dira-t-on que l'omission provient, au fond, de la définition donnée initialement du capital ? Mais ce ne serait alors qu'une pétition de principe.

ce point, comme la théorie définitive ? Une fois
que nous aurions fait aux autres théories du présent ouvrage toutes les critiques du même ordre
qu'elles nous suggéreraient, et apporté les com-
pléments ou corrections que nous aurions jugés
nécessaires, nous tiendrions-nous pour beaucoup
plus avancés, et serions-nous plus près d'une
théorie vraiment satisfaisante ? — Revenons sur
les critiques dont nous venons de donner quelques exemples. A quoi tendent-elles ? Soit à
montrer que l'auteur critiqué ne s'est pas placé
dans toutes les hypothèses où il aurait pu étudier
le jeu des activités économiques selon ses postulats fondamentaux ; soit à montrer qu'il n'a pas
prévu toutes les formes d'action intéressée qui
peuvent intervenir et se combiner, dans ces hypothèses, selon ses postulats eux-mêmes. Une
théorie idéologique pourra-t-elle jamais échapper
à tout reproche de l'une et de l'autre sorte ?

a) Ce qui oblige le théoricien idéologique à se
placer dans un certain nombre d'hypothèses définies, c'est que les postulats et les définitions sur lesquelles il fondera sa théorie sont tout
à fait insuffisants à constituer à eux seuls une
vie économique, même conceptuelle : il est forcé
de supposer à Robinson une île, dans cette île
du bois, des noix de coco, une rivière pour le
canot à creuser dans un tronc d'arbre, etc., ou de
supposer, à l'individu qu'il fait agir, un certain
milieu social, de supposer cet individu encadré

dans un certain ensemble de règles sociales, soumis à un certain droit, à une certaine forme de la propriété ; plus particulièrement encore, il devra le considérer dans une certaine classe de la société, ayant certains besoins, certaines habitudes, ayant une certaine profession ou n'en ayant pas, etc., etc. : mais le champ de pareilles hypothèses, la variété de ces conditions de fait et de leurs combinaisons est, nous pouvons l'affirmer, infini. Pourquoi le théoricien idéologique n'est-il pas entraîné à une série illimitée d'hypothèses ? C'est qu'en fait (les exemples que nous avons donnés le prouvent) il en élimine, ou néglige, ou ignore un certain nombre, pour s'attacher seulement à certaines. Mais comment une méthode apriorique peut-elle bien par elle-même fonder un tel choix ? Elle ne le peut en aucune manière.

En réalité, le théoricien idéologique, dans cette élimination ou ce choix, recourt à l'expérience ; il prend les cas qui sont présentés à son esprit par cette vague connaissance des faits que la simple vie courante suffit à imposer à notre pensée et à mêler à nos raisonnements ; il prend les cas « qui vont de soi » ; ou bien il prend les cas que les autres théoriciens ont pris avant lui et qui sont de tradition dans l'économie dite « abstraite » ; ou bien il observe ou varie ses observations, mais sans méthode, sans s'être jamais assuré par une investigation objective complète, par une de ces revues dont parle Descartes dans la quatrième règle de la méthode, qu'il a vraiment fait le tour de toute l'expérience, ou du moins de toute l'expérience à ce moment connue ou connaissable. Autrement dit, ce recours à la connaissance a posteriori, qui est indispensable, qui s'impose et qui, plus ou moins consciemment, est pratiqué par tous, est non pas expérimental, mais *empirique*, et il emporte avec lui tous les défauts de l'empirisme. Cet apport de faits, constitué sans méthode et sans règle, est en réalité *arbitraire* (bien qu'en certains cas il soit *traditionnel*), et il est indéfiniment criticable par d'autres apports de faits que le théoricien idéologique comme tel n'a pas les moyens de récuser valablement [1]; car s'il recourt à des arguments de fait, nous lui demanderons de les constituer avec toute la rigueur que demande l'expérimentation scientifique.

b) S'agit-il des déductions à tirer des postulats et des définitions, une fois déterminées les hypothèses de fait ? De formules aussi larges que la concurrence parfaite, que l'intérêt bien entendu, la concurrence parfaite, que l'intérêt bien entendu,

---

1. Cf. des affirmations comme celles-ci : les capitaux qui répondent à l'hypothèse diminution de ressources ou augmentation de besoins « sont en quantité restreinte », p. 51 ; le cas où les besoins comme les ressources restent *les mêmes* à travers le temps « est d'une importance pratique très grande », p. 53 (cela veut-il dire qu'il est très fréquent ?) ; etc. Comment des propositions de cette sorte seraient-elles susceptibles d'une preuve positive, et par conséquent comment échapperaient-elles à toute contestation possible ?

etc., on peut logiquement tirer des conséquences fort diverses et parfois contradictoires. L'homme économique agit selon son intérêt; soit, mais son intérêt le porte-t-il simplement à ne pas perdre, à ne s'imposer aucun sacrifice sans compensation, ou le porte-t-il à vouloir gagner, à chercher tout moyen d'augmenter son revenu le plus gratuitement possible, c'est-à-dire avec le moindre ou même sans effort de sa part ? Son intérêt lui fera-t-il préférer la sécurité du placement à l'aléa d'un gain plus grand, ou l'aléa du gain à la sécurité ? Son intérêt lui fera-t-il rechercher un revenu régulier un peu plus fort sans chance de gain exceptionnel, ou bien, avec une chance de gros gain, un revenu régulier moins fort (rentes sur l'État, ou valeurs à lots des villes ou des sociétés financières) ? Il y a beaucoup de manières d'agir de façon intéressée, dans une même situation donnée. Et de même pour les autres postulats aussi généraux.

Aussi bien nos théoriciens l'ont-ils senti et, plus ou moins consciemment, ils apportent à ces formules générales une certaine détermination, une certaine limitation. Mais, avec cette limitation et cette détermination, l'arbitraire reparaît. Nous avons déjà noté plus haut que, dans un même auteur, ces formules apparaissent plus ou moins étendues, et différemment précisées, à un endroit ou à un autre. Seraient-t-elles constantes chez le même auteur, chez tous les théoriciens successifs, qu'il serait toujours possible, du point de vue idéologique, d'opposer une autre interprétation, une autre limitation de la formule générale. D'où proviennent les limitations qui sont, implicitement ou non, pratiquées devant nous ? De l'expérience ? Mais ce recours au fait, ici encore, est opéré sans méthode, au petit bonheur, sans revue de tous les cas à considérer et sans choix objectivement raisonné des cas à retenir. Ce qu'on nous offre de plus solide, ce sont de soi-disant « lois psychologiques » comme celles qui servent de fondement à la théorie de la valeur dite de l'utilité limite et à toutes les théories de la même famille. Mais ces « lois » ne sont pas hors de conteste : leur application légitime est limitée même dans la psychologie individuelle classique (ce que notre auteur même paraît oublier, du moins en certains points essentiels de ses déductions) ; et en matière de vie sociale leur valeur demanderait à être établie tout autrement qu'il n'a été fait jusqu'ici ; cela est d'ailleurs un trop gros sujet pour que nous puissions le traiter ici[1].

Prenons seulement un exemple plus limité. M. de Böhm Bawerk et M. L. après lui (bien que moins exclusivement) font état, dans la théorie en question, d'un principe fondamental, qui est

[1]. Cf. plus loin, notamment études IV, sect. II, a, et VII, sect. III, des indications critiques sur ce point. (N. n.).

la préférence des biens présents aux biens futurs (c'est là, on le voit, décider de quelle façon l'homo economicus, placé entre des biens présents et des biens futurs, entendra son intérêt ; c'est une certaine limitation du principe de l'action intéressée). On tire ce principe de l'observation : « Le fait s'offrira à nous, dit M. L., comme un fait très fréquent et comme un fait dont le contraire *ne se rencontre jamais*, si dans les biens nous considérons non pas la matérialité, la quantité, ni non plus la valeur objective, le prix, mais l'utilité que ces biens offrent pour nous (p. 57). » Mais à quel prix établit-on cette proposition ? à la condition d'entendre par biens présents, à la fois, l'utilité qu'on en retire *en les consommant*, et l'utilité, le plaisir qu'on en prend *en ne les consommant pas* (en les gardant pour les employer dans l'avenir, ou même, admet M. L., en les gardant pour ne pas les employer, mais pour le seul avantage de les posséder) : voilà certes une formule souple. Et comme explication de *ce fait*, on nous dit que notre imagination nous représente plus vivement les joies prochaines que les joies éloignées (p. 57) : que fait-on des châteaux en Espagne et des chimères d'autant plus intenses et hallucinantes chez certains qu'elles sont plus lointaines ?

Donc, ou bien on recourt à des formules dont le sens est multiple : étant donnée une formule d'un type philosophique assez vague, un esprit ingénieux arrivera toujours à y faire rentrer un nombre plus ou moins grand de faits, et à nier, contester ou réduire à rien les autres. Ou bien on pose qu'une disposition psychologique caractérisée ne se rencontre *jamais* ou se rencontre *toujours*, mais cela sans une revue objective des diverses sociétés, des diverses époques, des divers groupes ou classes de la société, sans une indication même des moyens employés à l'observation et des sources possibles de preuves. Il suffira de passer une frontière (l'auteur le remarque lui-même à propos des dispositions à l'épargne, p. 317) pour trouver là des attitudes psychologiques opposées aux attitudes d'ici. Croit-on qu'avant le développement du crédit, du prêt à fins économiques, des emprunts d'État à caractère perpétuel et normal, croit-on que, plus loin encore, au moyen âge, dans l'antiquité classique, toutes les dispositions psychologiques qui peuvent se rapporter à une notion ou à un phénomène tel que l'intérêt du capital aient eu, aient pu avoir une formule identique ? De cette relativité, il n'y a pas trace notable dans nos auteurs. Ainsi ces « lois psychologiques », ces constatations de faits, qui précisent les postulats généraux, sont, comme les faits qui servent à choisir entre les hypothèses, non pas des résultats d'expérience, de valeur déterminable, de nature revisable et perfectible, mais des produits d'un empirisme arbitraire, sujets à réserves et à contestations indéfinies.

IV. — CARACTÈRE NORMATIF DE LA MÉTHODE

4° A défaut de ce caractère d'empirisme, ou en même temps que lui, les propositions constituant les théories économiques de cette espèce en ont un autre, qui doit être dégagé, car il permet d'en apercevoir mieux la nature et la portée. Notre auteur condamne très fortement (p. 90) les théories de l'intérêt antérieures à la sienne qui ont confondu la justification de l'intérêt avec l'explication de l'intérêt. Et en effet une théorie de science économique consiste à montrer comment, par quelles causes le phénomène considéré se produit, et non pas s'il est ou non conforme à un certain idéal moral ou à une certaine conception de la justice. Mais si M. L. a voulu faire une théorie purement explicative, comment, par exemple, ayant analysé les causes de la rareté du capital, écrit-il : « Les trois premières causes correspondent à une vue *raisonnable* qu'ont les individus de ce qui leur est avantageux ; la dépréciation des biens futurs... nous détourne d'opérations avantageuses » (p. 82)? Une théorie explicative n'a pas à juger que certains faits constatés comme causes sont raisonnables, et que d'autres ne le sont pas. — Toute la théorie de M. L. tourne sur cette proposition que la répartition la plus avantageuse du revenu d'un individu dans le temps est celle qui assure à tous les moments l'égalité des derniers besoins satisfaits (p. 48-49 et passim). Mais quel est donc au juste le caractère de cette proposition ? Constatation d'expérience ? Les hommes, mus par l'intérêt, tendent-ils à équilibrer ainsi leur consommation ? Non, M. L. avoue : « Peu de gens [dans tel cas] se rendent compte de l'avantage réel qu'il y aurait pour eux à égaliser leur consommation présente et leur consommation future... » (p. 314, n. 2); et ailleurs : « ... C'est que les gens ne se préoccupent pas précisément de calculer ce qui est avantageux pour eux-mêmes et pour leurs héritiers (p. 323) ». Ainsi l'auteur ne prétend pas qu'en fait les hommes entendent ainsi leur intérêt. Ailleurs on nous dit que l'homme *se trompe* sur son intérêt (note de la page 321) : qu'est-ce à dire ? Seulement ceci qu'il ne suit pas la maxime de conduite formulée par M. L. comme la plus avantageuse[1]. — Mais, si l'expérience ne montre pas que cette maxime soit pratiquée, de quel droit et en quel sens déclarer qu'elle

[1]. Quelle règle suit-il donc en fait ? « Dans la réalité, écrit M. L., on voit les individus se diriger moins par une estimation rigoureuse de l'utile que par des règles quelque peu arbitraires qu'ils se sont données » (p. 327). — Ce qui est arbitraire, — du moins du point de vue d'une science économique qui se propose de connaître et d'expliquer la réalité, — c'est de venir ainsi, sans plus d'arguments, déclarer *arbitraires* les règles *réelles*, celles dont la science positive doit justement faire l'objet de ses recherches et la matière de ses lois.

fixe la conduite la plus avantageuse ? Elle la fixe, *si* nous considérons comme l'idéal de satisfaction une somme de satisfaction la plus égale possible dans tous les moments de notre existence. Mais si nous trouvions plus de satisfaction à passer alternativement d'une restriction relative des satisfactions à une satisfaction large et non mesurée, même temporaire ? M. L. nous dira que nous avons tort, mais comment ? à la condition d'invoquer une arithmétique des plaisirs où plaisirs et peines sont réduits à une commune mesure, additionnés, retranchés, comparés au moyen des différents critères que les systèmes de morale utilitaire se sont ingéniés à établir (ce serait là, du moins, la base la plus objective, si ce n'est peut-être pas celle que paraît prendre l'auteur). Nous voici donc revenus à postuler une certaine morale ; peu importe qu'elle soit utilitaire et construite sur une certaine conception de l'intérêt, au lieu de répondre à une certaine idée de justice ou de bien absolu : nous sommes en dehors d'une théorie purement explicative, et notre théorie est *normative*, et tombe sous le reproche même que nous avons vu M. L. adresser à d'autres. Et nous pourrions encore apporter d'autres textes qui confirmeraient cette observation. — Et en effet, il n'en peut être autrement dans l'économie idéologique. Ou bien elle voudra rester purement explicative : et alors, dès que les faits ne répondront plus à la théorie qu'elle a établie sur des postulats plus ou moins arbitraires et des données plus ou moins empiriques, elle n'aura qu'une chose à faire, abandonner cette théorie et recourir à la méthode expérimentale véritable, c'est-à-dire se nier elle-même. Ou bien elle déclarera, si les faits ne se plient pas aux résultats de ses déductions, que sa théorie exprime les choses telles qu'elles *doivent* être, telles qu'elles seraient si l'homme entendait son intérêt comme il est *raisonnable* qu'il l'entende (le postulat de l'action intéressée étant admis) : et alors elle cesse d'être explicative pour devenir normative ; une discipline dont l'objet est non pas ce que les hommes *font,* mais ce qu'ils devraient faire n'est plus science pure, tout au contraire, elle est *science appliquée,* elle est *art*[1].

Idéologique, empirique, normative, telle nous apparaît, dans ses traits essentiels, alternatifs ou

---

1. Aussi n'est-il pas surprenant de trouver aux définitions de notre auteur un caractère finaliste très prononcé ; car ces deux caractères se commandent l'un l'autre. Voir, par exemple, la définition de l'opération capitalistique (p. 5), où *l'intention* de l'individu, interprétée d'une certaine façon, est l'élément essentiel (ce qui est pour nous un grave vice de méthode, cf. *Année sociol.*, VI, p. 473-74) ; ou, autre exemple, voir comment (p. 4-5) le sens « moyens de production » pour le mot « capital » est écarté par la raison que certains moyens de production sont mal employés et aboutissent à une perte pour la société. Il s'agit de définir, non par le résultat, mais par la fonction ; et si les capitaux sont employés de façon nuisible à la société, c'est un fait à établir postérieurement à la définition (et seulement, du reste, si l'étude, à un certain moment, croit devoir se placer au point de vue de certaines fins) ; mais la définition elle-même ne peut être déjà un jugement finaliste.

même simultanés, la méthode suivie dans le présent ouvrage et dans les travaux analogues. Et ils font qu'il ne nous est pas possible de partager la confiance que montre, en terminant, notre auteur dans l'utilité de sa théorie pour comprendre les faits : tout en reconnaissant les difficultés d'application d'une théorie abstraite, elle-même complexe, à la complexité encore plus grande des faits de l'expérience, il achève son volume sur cette phrase : « Puisse du moins ma théorie constituer pour la compréhension de ces faits le guide sûr qui a manqué jusqu'à présent (p. 340) ! » Mais, si la théorie a été constituée en dehors des faits de l'expérience, quelle garantie avons-nous a priori qu'elle puisse nous aider à les comprendre ? Jusqu'à ce que l'épreuve en ait été faite, nous ne pouvons, au point de vue scientifique pur, considérer cet ensemble de propositions que comme une construction ingénieuse, nous présentant une explication possible, entre d'autres explications également possibles, de certains faits possibles, entre certains autres faits possibles. Il peut apparaître *raisonnable* (si, par ce mot, l'on veut dire conforme à un certain idéal intellectuel ou pratique) que les faits s'expliquent en réalité ainsi. Mais la science positive s'interdit rigoureusement non pas même d'admettre, mais seulement de *présumer* que les choses sont comme notre esprit les conçoit, avant que l'expérience méthodiquement faite l'ait établi ; et c'est

même le propre de l'œuvre scientifique que de
réaliser cette épreuve des faits. Alors donc que
notre auteur s'en remet à d'autres de cette tâche,
nous estimons que le travail de science positive
proprement dite commence, exactement, où il a
laissé le sien. Et je sais bien que cette extension
des principes de la science positive de la nature
à la matière humaine et sociale n'est pas encore
universellement comprise ni acceptée, et qu'on
invoquera toujours les difficultés de l'expérience
et la complexité des phénomènes : mais, puisque
l'autre méthode n'aboutit pas, de son aveu, à rejoindre les faits, et ne nous a pas montré qu'elle
nous servait à les comprendre, en quoi sommes-
nous plus avancés de la suivre ?

————————

IV

UN SYSTÈME D' « ÉCONOMIE POLITIQUE PURE »

M. Ch. Andler[1], dans l'introduction qu'il a mise
au dernier livre de M. Otto Effertz, et M. Adolphe
Landry, en divers articles écrits à l'occasion de
son apparition, ont eu raison de proclamer que
cet auteur était méconnu et que l'inattention ou
l'indifférence du public scientifique pour sa doctrine étaient imméritées. Cette doctrine est, en
effet, un des efforts les plus originaux qui aient
été faits dans cet ordre de spéculation depuis les
doctrines classées et connues qui, bien que
déjà entrées dans l'histoire, se partagent encore
la direction de la plupart des esprits. Mais est-ce

1. Extrait de l'étude présentée dans l'*Année sociologique*, t. X
(1905-06), 1907, sur l'ouvrage : Otto Effertz, *Les antagonismes économiques*, Paris, 1906. Pour l'analyse de l'ouvrage, et pour la discussion des thèses très originales propres à cet auteur, nous renvoyons
à ce volume de l'*Année* ; nous n'avons repris ici que la discussion
des positions générales qui, au degré près, lui sont communes avec
les représentants les plus qualifiés de cette méthode (*N. n.*).

à dire qu'elle donne, ainsi que le disent volontiers ses introducteurs auprès du public français, une orientation génialement neuve et féconde à la science économique ? Nous devons dire nettement que nous ne le pensons pas. L'économie de M. Effertz est bien moins opposée et même bien moins supérieure qu'il ne le croit et ne le dit, soit à l'économie qu'il appelle bourgeoise, soit à l'économie socialiste antérieure, spécialement marxiste. Elle procède de la même direction d'étude, elle repose sur les mêmes postulats ; et bien loin que cette direction d'étude nous apparaisse comme la voie véritable, et ces postulats comme la base définitive de la science économique future, nous considérons que la discipline économique ne sera proprement science qu'à la condition de prendre une toute autre voie, et de se fonder sur une toute autre base ; et si l'œuvre de M. E. se distingue de ces œuvres antérieures, c'est peut-être par un effort de systématisation abstraite intrépide, qui exagère et rend encore plus nets les vices, à notre avis radicaux, de tous les travaux de cette espèce, et par le manque, plus grand qu'ailleurs, de cette somme de matière positive qui se trouve être mise dans beaucoup de travaux, peut-être illogiquement en rigueur, mais par une nécessité de fait confusément sentie, et qui arrive ainsi à en masquer ou en atténuer l'idéologie fondamentale...

I. — ÉCONOMIE POLITIQUE PURE ET ÉCONOMIE POLITIQUE APPLIQUÉE

« Le système d'Effertz, écrit M. Andler, est d'abord l'effort le plus vigoureux qui ait été tenté pour constituer une *économie politique pure* (p. ɪv). » Or, si nous regardons au problème essentiel qui est posé et suivi à travers toute l'œuvre de M. E. et qui commande toutes les théories spéciales qui y sont présentées, il ne paraît pas douteux que ce problème ne soit le problème de « l'optimum de l'économie » (« Le dernier problème de l'économique qui consiste à déterminer et à réaliser l'optimum de l'économie ou l'intérêt économique... », p. 34). Qu'est-ce à dire ? Est-ce que le problème de l'optique *pure* est de déterminer et de réaliser la combinaison de lentilles qui donne la meilleure lunette ? Si l'expression de physiologie pure était usitée, appellerait-on problème de physiologie *pure* la recherche de la meilleure diète ? Est-ce un problème de mécanique *pure* que de déterminer les conditions d'une machine à vapeur parfaite ? Il y a là une impropriété de termes initiale, et ce n'est pas une chicane de mots que de la relever tout d'abord, car elle est grosse de conséquences.

a) En effet, d'une part, il ne viendrait à l'idée de personne que, de la science pure et de la science appliquée qui se correspondent, c'est par la science appliquée que l'étude doive ou même puisse commencer, si du moins elle veut être autre chose qu'un empirisme. (Il peut y avoir un empirisme abstrait, et même, oserons-nous dire, un empirisme apriorique, qui n'en sera pas moins un empirisme.) Avant donc une économie appliquée, même abstraite, qui traite le problème de l'économie optima, nous demanderons, même dans l'hypothèse où cette méthode dite abstraite serait la bonne, une économie pure proprement dite, qui traite le problème de l'économie, tout court, c'est-à-dire qui fasse la théorie des phénomènes économiques pris objectivement en eux-mêmes et d'un point de vue causal, et non pas en considération d'un certain but à réaliser et d'un point de vue téléologique.

b) D'autre part, dès qu'on s'est aperçu qu'un problème ainsi posé est un problème de science appliquée, on découvre sans peine que, bien loin d'être le problème dernier ou le problème unique de l'économie, même comme science appliquée, il n'est qu'un des multiples problèmes qui peuvent être proposés à cette science appliquée, et qui sont aussi nombreux que les fins qui peuvent être attribuées ou conçues à l'activité économique de l'homme. M. E. cherche tout le long de son livre, soit pour l'individu, soit pour la société, les conditions d'une différence maxima entre la satisfaction des besoins par la consommation des biens et le travail nécessaire à la production de ces biens : mais pourquoi l'économie appliquée n'aurait-elle pas aussi bien à chercher les conditions d'une différence minima [1] ? C'est la position du problème qui conviendrait à un ascète ou à une société d'ascètes. — Pourquoi n'aurait-elle pas à se poser de tout autres problèmes que ceux du maximum ou du minimum de cette différence, par exemple, le problème des conditions d'un

---

1. M. E., il est vrai, qualifie quelque part d' « être absurde » un homme qui entendrait ainsi son intérêt : mais de quel droit ? — L'étude de l'intérêt économique de la société, telle que la fait M. E., implique encore un autre postulat finaliste, qui se trahit aussi dans une incidente de l'introduction : « L'intérêt économique est *évidemment* d'assurer au plus grand nombre de consommateurs le maximum de biens consommables avec le maximum de loisirs » (p. VI). L'intérêt économique de la société, tel qu'il est défini par M. E., revient à ce que la différence entre la satisfaction et la peine soit *moyennement* par individu de cette société, la plus forte possible : mais c'est une question de savoir si l'on obtiendra cette *moyenne* plus forte en assurant une satisfaction maxima, en consommation et loisir, à un certain nombre d'individus, et seulement une satisfaction limitée à tous les autres, ou bien en assurant au plus grand nombre possible d'individus la plus grande satisfaction possible, mais limitée pour tous. Une formule telle que la précédente, donc, ou bien est équivoque ou bien n'est nullement évidente. M. E., bien qu'il dise, en un endroit notamment (p. 300), ne pas poser comme un idéal l'hypothèse d'une société à distribution égale, en fait, raisonne sans cesse comme si, dans le problème de l'intérêt économique maximum de la société ou de l'intérêt *moyen* maximum des membres de cette société, cette hypothèse était la seule à considérer : mais pourquoi, d'un point de vue strictement économique, le problème ne serait-il pas à poser tout aussi bien dans toutes les hypothèses de distribution inégale possible, et un choix à faire, entre ces hypothèses et l'hypothèse d'une distribution égale, uniquement pour des raisons économiques ?

abaissement proportionnel, ou d'une élévation proportionnelle des deux éléments satisfaction et peine à la fois ? Pourquoi encore n'aurait-elle pas à considérer d'autres termes que la satisfaction des besoins et le travail de production ? L'optique appliquée, en tant qu'optique, n'a pas de raison de chercher des lunettes qui ne déforment pas, plutôt que des lunettes qui déforment. La physiologie appliquée, en tant que physiologie, étudiera indifféremment les moyens de produire la mort ou les moyens de l'éviter. A tout prendre, et même comme problème de science appliquée, le problème que M. E., ainsi que d'autres théoriciens avant et depuis lui, a voulu traiter est donc choisi entre d'autres ; nous verrons plus loin si les raisons de ce choix sont conscientes, et si elles doivent nous satisfaire (ci-dessous III).

II. — ÉLÉMENTS UNIVERSELS OU ÉLÉMENTS RELATIFS A DES ÉTATS SOCIAUX DÉTERMINÉS

Faisons abstraction de cette préoccupation à caractère finaliste incontestable qui domine toute l'œuvre, et considérons dans ce travail ce qui se rapproche d'une économie pure strictement entendue, c'est-à-dire ce qui tendrait à constituer, selon les termes de M. Andler, « une science des conditions économiques qui subsistent indépendamment des variations de l'état social » (p. IV).

Est-il vrai que, conciliant la préoccupation de Rodbertus et celle des économistes psychologues, M. E. retrouve, d'une part, les faits économiques primitifs indépendants de tout régime d'échange, de tout régime de propriété et de répartition, les faits et relations entre les faits qui sont vrais dès qu'il y a des hommes qui essaient de suffire à leurs besoins économiques, et, d'autre part, les besoins simples auxquels, en dépit de leur variété, se ramènent tous ces besoins, et la loi de variation du besoin (Introduction, même page)?

L'économie pure de M. E. roule tout entière sur deux notions, terre et travail, et une troisième, la notion de valeur d'usage. Ce sont là, en apparence, notions simples et générales, et M. E. semble ne pas avoir songé qu'il fût nécessaire d'en établir une définition précise. S'il l'eût fait, il se fût aperçu que, telles qu'il les emploie, telles qu'il en a besoin dans sa construction, elles sont complexes et même confuses, d'une part, et, d'autre part, relatives à un certain état historique, à un certain stade des représentations collectives et ne sont nullement indépendantes de tout état social. Nous retrouverons la notion de terre[1].—Pour la notion de travail, elle est en fait identifiée avec la notion de peine : mais, outre que celle-ci même est loin d'être simple et géné-

---

1. V. *Année sociol.*, X, p. 518-19 et 522-23 : cette partie spéciale, pour la raison indiquée, note de la page 82, n'a pas été reprise ici. (*N. n·*).

rale, et serait probablement remplacée avec avantage par la notion d'effort, cette réduction du travail à la peine, qui ne tient compte ni du travail exercice agréable et devenu normal, de l'activité, ni du travail devoir moral ou religieux qui cependant ont joué et jouent encore un rôle économique important[1], ou bien est arbitraire et subjective et par conséquent sans valeur générale de science, ou bien se réfère à une notion de travail qui ne se rencontre sous cette forme précise que dans une certaine classe et une certaine société, à l'idée du travail pour l'ouvrier moderne (et encore ne l'exprime-t-elle pas tout entière ; M. E. lui-même y ajoutera ultérieurement d'autres éléments, un élément d'honneur et de déshonneur, p. 290, sqq.) : la construction basée sur elle est donc tout arbitraire ou tout étroitement relative. —Quant à la notion de valeur d'usage, outre qu'elle apparaît très complexe dans les explications mêmes de M. E. (p. 51-54) et combine des éléments divers, eux-mêmes bien mal définis, il est tout à fait arbitraire de lui donner, à titre universel, dans l'économie un rôle qu'en fait elle n'a pas eu, ou n'a pas eu également partout, et que seule donc une certaine conception de ce qui doit être, et non de ce qui est, peut lui attribuer (cf. III).

1. Cf. Marshall, *The social possibilities of economic chivalry*, Economic Journal, marsh 1907, et l'étude de Max Weber, *Die protestantische Ethik und der « Geist » des Kapitalismus*. Arch. f. Sozialwiss., XX, 1, p. 1-54, XXI, 1, p. 1-110.

Avec ces notions premières, cette économie, qu'on nous dit être indépendante de l'état social, a un besoin essentiel, ou en tout cas fait un usage essentiel, d'au moins deux lois, une loi de l'attitude psychologique de l'homme, individu ou société, dans ses démarches économiques, et une loi des relations économiques entre les individus : la première est la loi connue sous le nom de loi de l'utilité limite, loi de décroissance des besoins à mesure qu'ils sont satisfaits, loi dont M. E. reporte l'honneur à Bernouilli et qu'il appelle d'après ce mathématicien loi *de mensura sortis*; la seconde est la loi d'échange connue sous le nom de loi de l'offre et de demande. Ces deux lois sont-elles donc d'une généralité applicable à toute société humaine et fondent-elles une économie théorique générale, antérieure et supérieure à toute étude des phénomènes plus ou moins particuliers effectivement rencontrés dans les champ divers de notre observation positive ? Nous avons déjà plusieurs fois touché à cette question. Nous reprendrons ici nos remarques seulement en quelques mots.

a) Quelle que soit la fortune présente de la première de ces lois, qui en a fait une base généralement acceptée de presque tous les économistes actuels, on peut noter d'abord que, même admise, dès qu'il faut passer d'un besoin à un autre besoin et comparer entre eux des besoins différents, ou bien elle reste purement verbale ou tautologique, ou bien elle a besoin d'être complétée par des apports de fait, qui indiquent les valeurs comparatives effectivement établies, et il apparaît que ces éléments de fait, sans lesquels, on ne peut dépasser le cercle des tautologies, dépendent des états sociaux et des diversités de temps et de milieu. Mais il y a plus. Il y aurait lieu de la ressaisir en elle-même et de la soumettre à une critique rigoureuse, et l'on s'apercevrait, croyons-nous : 1° qu'elle n'est pas d'une vérité générale et même qu'elle est d'une vérité partielle assez limitée ; 2° que, dans les cas mêmes où elle s'applique, elle n'est pas universelle ; 3° que dans certains cas, au contraire, existe une loi inverse ; 4° et surtout que le passage de l'application de cette loi dans l'économie individuelle à son application dans une économie collective, même encore peu complexe et peu avancée, n'est pas fait de façon satisfaisante, n'est fait qu'au moyen de pétitions de principes, et que, s'il ne l'est pas autrement, c'est vraisemblablement qu'il ne peut l'être et que, dès qu'on se place dans l'économie d'une société, surtout assez développée, cette loi perd à peu près toute signification. Disons donc, si l'on veut, que cette loi est indépendante de l'état social, mais en ce sens qu'une fois un état social donné elle n'est plus d'utilité pour nous expliquer les phénomènes économiques de cet état social.

b) Venons à la théorie de l'échange in abstracto

et à la loi de l'offre et de la demande qui en est l'essence. D'abord, ainsi que nous l'avons déjà remarqué, et ainsi du reste qu'il est accordé par certains des théoriciens qui l'emploient, le jeu de l'offre et de la demande ne fixe pas un prix ab integro : au mieux, il ne fait que ramener ou que tendre à ramener le prix de marché d'un produit au niveau du prix réel ou de la valeur de ce produit dans le milieu donné : quel que soit le nom qu'on préfère, ce prix réel ou cette valeur exprime une estimation non pas individuelle mais sociale préexistante ; et, tant qu'on n'a pas rendu compte de cette estimation même, on n'a pas expliqué le phénomène à expliquer. Mais pour en rendre compte on voit qu'il n'est pas possible de prétendre se placer en dehors de tout état social. — Ce n'est pas tout. La théorie de l'échange ou du marché contient en elle-même des implications sociales. Elle est si peu indépendante de tout état social qu'au contraire elle suppose un état social tellement avancé et spécial que, même dans nos sociétés contemporaines, où l'évolution économique a produit les milieux les plus développés et les plus spécialisés en ce sens, il ne s'est pas encore trouvé être complètement réalisé. — Non seulement cette théorie suppose : une appropriation préalable, une propriété susceptible d'aliénation, susceptible d'aliénation à la volonté du propriétaire, l'institution du contrat par accord des volontés, et spécialement du contrat d'échange

et de vente (et des faits que nous avons eu l'occasion de citer et d'autres qu'on pourrait présenter en nombre montrent dans combien de sociétés, et pour combien de parts de la vie économique,
ces diverses conditions font défaut, en totalité ou
en partie, et par conséquent combien la théorie
qui les implique est précaire et relative). — Mais
encore, et ceci a été, je crois, moins remarqué,
cette théorie implique, pour arriver à établir
quelque chose, une certaine condition économique des échangistes ou au moins de l'un d'entre eux, très particulière et très dépendante d'un
certain état social : n'implique-t-elle pas en effet,
nécessairement, que deux échangistes en présence
aboutissent à conclure (sinon elle ne mènerait à
rien)? Mais cela est une hypothèse toute gratuite
et illégitime, si l'on ne suppose pas que l'un au
moins des échangistes est tenu, pour une raison
ou pour une autre, d'aboutir, et cette situation ne
peut provenir pour lui que d'une certaine condition économique, dépendante d'un état social déterminé, et plus exactement encore d'un certain
état de la répartition. Je donne seulement ici un
exemple schématique simple : A veut vendre un
cheval à 400, B en veut acheter un à 350 : le prix,
nous dit-on se fixera entre 350 et 400. Non. Si A
n'est pas obligé, pour une raison quelconque, de
vendre son cheval et peut attendre, si B n'est pas
obligé d'en acheter un, le prix pourra ne pas se
fixer du tout, et aucun échange n'être conclu. Et

si la théorie signifie seulement que, *si* l'échange se conclut, le prix se fixera entre 350 et 400, elle n'a plus de portée ; car elle a besoin, pour expliquer quelque chose dans les phénomènes économiques, de supposer *que* l'échange se fera et non pas qu'il ne se fera pas).— Enfin, cette théorie suppose l'existence d'un marché libre, au sens précis et complet où l'ont défini les théoriciens les plus rigoureux de l'école mathématique : or est-il besoin de montrer qu'un tel marché absolument libre n'a vraisemblablement pas encore existé, en aucune société, pour aucun produit ou objet de commerce, que les marchés qui s'en rapprochent le plus, dans les sociétés économiquement les plus avancées, comportent encore des éléments qui ne les rendent pas absolument libres en ce sens, et que justement les marchés les plus courants et les plus directement mêlés à la vie économique journalière, à la satisfaction propre et directe des besoins (par exemple, entre tous, les marchés de main-d'œuvre), en sont fort éloignés, même dans ces sociétés avancées ?

Une doctrine construite sur cette double base a donc une valeur purement hypothétique : *supposé* que les phénomènes économiques soient les phénomènes d'un marché libre où les transactions sont réglées par l'offre et la demande et l'action des hommes uniquement dirigée par la loi psychologique énoncée de la satisfaction décroissante des besoins, telle et telle chose doi-

vent se passer. Les théoriciens récents, adeptes de
cette méthode, ne nient pas ce caractère essentiellement hypothétique et même le mettent explicitement en évidence[1]. Reste donc pour les critiquer : 1° à voir s'ils se tiennent exactement dans
leur hypothèse et n'introduisent pas inconsciemment, dans le cours de leurs déductions, d'autres
éléments de fait ou d'autres postulats plus ou
moins arbitraires, et s'ils tirent de leur hypothèse toutes les déductions possibles, sans choix
arbitraire ou a posteriori ; et 2° à attendre la confrontation de cette construction avec la réalité
économique, et à examiner si elle nous en fait
comprendre ce que nous voulons et pouvons y
comprendre et à quelles conditions. Mais chez
M. E. il ne semble pas exister, ou en tout cas il
ne se manifeste pas, une conscience nette de cette
valeur purement hypothétique de toute sa construction. Il est vrai qu'il se réclame expressément, à diverses reprises, du droit de simplifier
et d'abstraire, de négliger un élément qui com-
plique ou qui n'est que secondaire pour suivre
d'abord l'élément essentiel et primordial ; et ce
procédé est, en effet, en principe tout à fait légitime, mais l'usage en est réglé et limité par la
nature même de l'objet étudié et la fin de l'étude

1. Déjà M. Walras définissait l'économie politique pure la théorie
de la détermination des prix sous un régime *hypothétique* de libre
concurrence absolue (*Économie politique pure*, p. xi).

qui en est faite : celui qui, voulant expliquer le mouvement d'une locomotive, ferait successivement, pour simplifier l'analyse, abstraction du frottement, abstraction des roues, abstraction du charbon, abstraction de la vapeur, n'arriverait pas finalement à en expliquer grand chose. Sans doute M. E. se flatte de rétablir et réintroduire ultérieurement un à un les éléments qu'il a ainsi écartés d'abord : mais il ne le fait pas toujours pour tous [1] ; et notamment il ne le fait nulle part pour tous ces éléments de la vie économique réelle, dans beaucoup de sociétés humaines, et même dans les sociétés économiquement les plus avancées, dont son étude, par ses postulats conscients et surtout inconscients, fait une abstraction radicale qui exigerait une justification.

III. — DISCIPLINE « NORMATIVE » ET DISCIPLINE « POSITIVE »

A vrai dire, si M. E. n'a pas donné cette justi-

---

1. Par exemple, approximation pour la *loi* de non-transformabilité (p. 84), approximation « très large » de la *loi* suivant laquelle les biens à quotient travail-terre petit sont les biens de nourriture, et les biens à quotient travail-terre grand les biens de culture (p. 89-90) ; théorie « exagérée » de la distribution entre le capital et le travail (p. 318) ; supposition, *pour des raisons de simplification*, que le travail productif du capitaliste moyen soit égal à zéro (p. 327). Où donc M. Effertz rectifie-t-il les résultats obtenus par ces simplifications ?

fication et même n'a peut-être pas songé qu'elle pût être demandée, c'est, je crois, que, comme je l'ai déjà remarqué pour M. Landry[1], ce qu'il élabore et construit sous le nom de science économique est non pas une étude de l'économie *réelle*, mais une étude de l'économie *véritable* : ce n'est pas une discipline *positive*, mais c'est une discipline *normative*. Avec plus de netteté et d'intrépidité systématique qu'aucun de ses devanciers, M. E. distingue et oppose l'intérêt *vrai* et l'intérêt *putatif* des hommes (soit individus soit sociétés) : l'intérêt vrai ce n'est autre chose que ce que M. Effertz juge être tel, ce qu'il lui paraît raisonnable, normal de juger ainsi ; l'intérêt putatif c'est ce que les hommes, les intéressés eux-mêmes, jugent être leur intérêt, mais cela ne fait pas question pour M. Effertz : ils ont tort. Sans hésitation, il assigne pour tâche à la science économique de déterminer l'intérêt vrai des hommes ainsi entendu. Si elle étudie l'intérêt putatif, c'est pour en établir *l'erreur* ; et pas un moment il ne semble lui être venu à l'idée que la science économique aurait peut-être plutôt pour objet premier et essentiel d'étudier l'intérêt des hommes tel qu'ils l'entendent en fait[2] et non pas tel qu'il nous paraît, à M. Effertz, à moi ou à d'autres, qu'ils devraient l'entendre, et qu'avant de déclarer que

1. *Année sociologique*, t. VIII, p. 584-86 et ci-dessus Ét. III, sect. IV.
2. Nous disons l'intérêt tel que les hommes l'entendent *effectivement*, non pas tels qu'ils *disent* ou *croient* eux-mêmes l'entendre.

cet intérêt tel que l'entendent les hommes est une erreur, elle devrait commencer par le comprendre et par l'expliquer, et même que c'est là sa tâche propre, sa tâche unique, un jugement sur cette façon d'entendre son intérêt n'étant plus affaire de science économique, mais d'éthique. Assurément cette conception de la science économique n'est pas propre à M. E. : elle date de loin dans la discipline économique, et elle a même tellement pénétré dans les habitudes de travail et les directions d'esprit de tous les économistes qu'il est très difficile et très long de s'en dégager et de s'en défaire. M. E. a le mérite d'avoir pris conscience et donné une formule explicite de cette attitude : « A côté de l'intérêt vrai, il y a l'intérêt putatif. La différence entre l'intérêt vrai et l'intérêt putatif découle des erreurs de l'homme... L'absence d'erreur n'est qu'une coïncidence heureuse. Le cas général est celui d'une différence entre l'intérêt vrai et l'intérêt putatif... L'erreur est infinie... Cependant il y a de nos jours, et il y a eu pendant toute la carrière historique de l'homme, une erreur prédominante qu'il faut connaître sous peine de ne comprendre rien ni à la vie quotidienne, ni à l'histoire : c'est que les individus croient que leur intérêt économique consiste à augmenter leur revenu net en argent » (p. 145-146). Voilà un point central et caractéristique, et voilà où le caractère normatif inconscient de toute cette économie se révèle pleinement. Bien que ce soit aller contre toute une longue tradition, bien que cela puisse paraître même aller contre le bon sens, je crois pouvoir dire, et je pense avoir l'occasion dans un travail ultérieur de montrer sur un exemple topique, que, s'il y a une erreur ici, et une erreur essentielle qui a pesé et pèse encore sur toute la théorie économique, c'est de tenir cette croyance pour une erreur. Sans pour cela retomber dans cette chrématistique que M. E. écarte avec dédain, la science économique, *pour comprendre la vie quotidienne et l'histoire,* — je reprends l'expression même de M. E., qui est un précieux aveu, — c'est-à-dire pour accomplir son objet propre, pour connaître et expliquer la réalité économique, et non pas pour déterminer un idéal économique, plus ou moins rationnel, doit cesser de considérer, par une appréciation apriorique et arbitraire qui préjuge de la question même, ce fait, en effet capital, comme une immense et universelle erreur. Et ce faisant elle arrivera effectivement, je crois pouvoir l'affirmer, à s'apercevoir que *ce n'en est pas une,* même du point de vue où se place la théorie économique traditionnelle, passivement suivie en cela, comme en plus d'un autre point du reste, par M. E. — Mais si cette pierre angulaire de sa construction lui est retirée, on peut voir combien la solidité totale en est compromise[1].

---

1. Ce ne serait pas me répondre sur ce point que d'invoquer les

Au fond, je crains que les thèses même originales et propres de M. E. ne soient viciées de ce même caractère normatif fondamental[1]...

— Mais, dira-t-on, ce caractère normatif étant admis, n'est-ce pas non seulement un exercice d'esprit légitime comme tout exercice d'esprit, mais une spéculation théoriquement et pratiquement utile que d'analyser, dans l'hypothèse d'un tel idéal proposé à la vie économique de la société, les différences entre la réalité présente et cet idéal? — Resterait à montrer que, parce qu'un théoricien aura formulé pour une société un certain idéal économique, et parce que même les individus de cette société auront pu y adhérer avec leur raison, cet idéal aura par là quelque chance d'être réalisé ou réalisable. Si l'on n'a une conception purement « artificialiste » de la vie des sociétés, tout ce travail n'aboutit donc à rien, tant que l'on n'a pas établi que, dans la société considérée, les transformations indiquées sont *objectivement* probables ou possibles; la

p. 466-68, où M. E. indique explicitement comme un principe éthique (d'ailleurs, semble-t-il, arbitraire) que, dans sa doctrine pratique, les intérêts vrais soient tenus pour supérieurs aux intérêts putatifs, les intérêts définitifs aux provisoires, etc. Car ce que je dis est que cette distinction apriorique, même à titre d'hypothèse donnée pour guide à l'analyse économique, la fausse dans le principe même et, bien loin de l'aider à comprendre la réalité économique, l'en empêche définitivement.

1. V. le développement de cette critique, *Année sociol.*, X, p. 518-21 (*N. n.*).

preuve faite que notre œil soit un appareil d'optique fort imparfait n'a conduit personne à essayer de s'en passer ou de le remplacer... Nous croyons, pour notre part, que même une doctrine téléologique de refonte sociale intégrale, comme est le socialisme, peut et doit actuellement se fonder sur les bases positives que fournit à cette heure la science sociologique, et qu'avant de la dépasser, et d'anticiper sur le futur, comme est forcée de le faire une doctrine d'action, il doit rigoureusement établir ce que dans cette anticipation il sait vraiment et ce qu'il ne sait pas et ne fait que postuler.

Cela même mis à part, il nous faut voir que ces doctrines, même une fois admis leurs postulats normatifs, conscients ou inconscients, n'avancent et n'atteignent à quelques résultats qu'en appelant sans cesse au secours de leur déduction et en y incorporant d'autorité des éléments de fait, des propositions positives d'observation sur la réalité économique, qui, par malheur, et notamment dans l'espèce présente, sont loin d'être établies [1]...

1. Nous renvoyons pour cette discussion à l'*Année sociol.*, t. X, p. 522-27 (*N. n.*).

V

DE L'ÉCONOMIE MATHÉMATIQUE[1]

Il était important d'avoir sur l'économie dite mathématique l'opinion d'un vrai mathématicien. C'est ce que les traducteurs en français de la classique *Théorie de l'économie politique* de Jevons ont voulu nous donner en demandant à M. Painlevé une préface à cette traduction[2]. Le jugement, condensé en un petit nombre de pages, que cette préface nous apporte, mérite d'être étudié de près, tant pour l'autorité qui s'attache à la science mathématique, à la compréhension et pénétration d'esprit de l'auteur, que pour les perspectives concernant l'essence même de la science économique que, partant de lui, nous al-

1. Extrait de l'*Année sociologique*, t. XI (1906-09), 1910.

2. W. Stanley Jevons, *La théorie de l'économie politique*, traduit par H.-E. Barrault et Maurice Alfassa, avec préface de Paul Painlevé, Paris, 1909. — Nous en rapprochons Vilfredo Pareto, *Manuel d'économie politique*, traduit sur l'édition italienne par Alfred Bonnet. Paris, 1907 ; Alfred Marshall, *Principes d'économie politique*, t. I et II, trad. française. Paris, 1906-09. (*N. n.*).

lons voir s'ouvrir. Et ce nous paraît être une bonne occasion de considérer d'ensemble cette direction méthodologique, suivie et défendue par un certain nombre d'économistes (surtout italiens et anglo-américains),— alors que des ouvrages nouveaux qui en procèdent[1], des traductions d'œuvres importantes qualifiées pour la représenter, et aussi diverses études critiques[2] qui en reconnaissent l'importance, attirent à nouveau l'attention sur elle[3]. Avec la préface de M. Painlevé et, bien entendu, le traité de Jevons qui en est l'occasion, nous retiendrons surtout, pour cet examen, le *Manuel* de M. Pareto et les *Principes* de M. Marshall, récemment présentés au public français...

I. — JUGEMENT D'UN MATHÉMATICIEN SUR L'ÉCONOMIE MATHÉMATIQUE

Le progrès des sciences, commence d'abord

1. Nous avons spécialement étudié l'un d'eux, Irving Fisher, *The rate of interest*, dans *Année sociol.*, t. XI, p. 688-96 (*N. n.*).

2. Voir notamment le chapitre substantiel consacré à l'école mathématique par MM. Gide et Rist dans leur récente *Histoire des doctrines économiques*, recensée dans *Année soc.*, XI, p. 553-55. Cf. précédemment Bouvier, *La méthode mathématique en économie politique*.

3. Depuis que cette étude a été écrite, d'autres travaux ont encore paru, dont nous citerons notamment : L. Leseine et L. Suret, *Introduction mathématique à l'étude de l'économie politique*. Paris, 1911 (*N. n.*).

par rappeler M. Painlevé, consiste à « évoluer de l'état qualitatif et descriptif à l'état quantitatif et causal ». Le type parfait de ce dernier état nous est actuellement fourni par l'astronomie de position. Imparfaitement quantitatives sont encore la physique et encore plus la chimie. Ici, se rencontrent des catégories de phénomènes très complexes, des « multiplicités colossales de petits phénomènes enchevêtrés », qui, — malgré qu'ils échappent individuellement à notre atteinte et à notre mesure, et même s'ils sont individuellement capricieux, mais précisément parce que ces caprices s'annulent pour ainsi dire les uns les autres, — donnent prise, considérés en masse, à une quantification globale et pouvant être la matière de ce qu'on pourrait appeler une science quantitative statistique (par exemple, théorie cinétique des gaz). A un degré moins proche encore de la perfection, se place la « science imparfaite » que nous pouvons avoir de phénomènes échappant à une théorie quantitative intégrale, science dont les lois, numériques encore, sans suffire à déterminer ces phénomènes, les astreignent pourtant (exemple : principe de conservation de l'énergie, principe de Carnot-Clausius).

Auquel de ces trois types l'économie politique peut-elle être amenée par une utilisation des mathématiques ? Au premier ? Cela est concevable, mais chimérique : « Il est évident que l'économie politique sera toujours impuissante devant les phénomènes où il lui faudrait tenir compte des caprices de chaque unité humaine (p. VIII) ». Le type statistique est la seule forme mathématique qui puisse lui convenir. Mais encore faut-il, à une science mathématique statistique, « des grandeurs mesurables bien définies ». Or, admettons que l'unité de valeur soit la valeur d'un gramme d'or : « Pouvons-nous sur le seul examen d'un objet, un lot de poissons par exemple, dire quelle est sa valeur à l'instant considéré ? » Une définition de la valeur telle que « la valeur d'un objet, à un instant donné, soit immédiatement mesurable (comme le sont ses dimensions, son poids, etc.), du moment qu'on connaît l'objet, l'unité de valeur et rien d'autre », n'existe pas et ne peut exister. Supposons les habitants d'une île ne se nourrissant que de poisson, deux pêcheurs faisant toute la pêche et le poisson ne se conservant pas plus d'un jour ; si la pêche d'aujourd'hui est double de celle d'hier, on ne peut dire que la valeur du poisson sera la même, ni qu'elle sera la moitié de celle d'hier ; car, suivant que les deux pêcheurs s'entendront ou se feront concurrence, le prix pourra être maintenu, ou au contraire pourra baisser à presque rien.

Mais, s'il n'y a pas de définition de la valeur comparable à celle de la longueur, le prix d'une marchandise sur un marché donné, à un instant donné, n'est-il pas déterminé et n'est-il pas une grandeur susceptible d'une étude quantitative ? Prenons la double équation par laquelle Jevons exprime les conditions d'un échange achevé (entre deux corps marchands A et B, l'un possédant du blé, par exemple, en quantité a, l'autre de la viande en quantité b ; x et y étant respectivement les quantités échangées de ces deux marchandises, $\varphi_1(a-x)$ et $\varphi_2 x$ le degré final d'utilité du blé respectivement pour A et pour B, l'échange une fois arrêté, $\psi_1 y$ et $\psi_2(b-y)$ le degré final d'utilité de la viande pour A et pour B) :

$$\frac{\varphi_1(a-x)}{\psi_1 y} = \frac{y}{x} = \frac{\varphi_2 x}{\psi_2(b-y)}.$$

« Comment, demande M. Painlevé, définira-t-on quantitativement l'utilité de telle marchandise pour A et pour B ? » Même si l'on suppose (ce qui est loin d'être toujours le cas) que cette utilité dépende seulement de la quantité de la marchandise possédée par A, on conçoit bien que cette utilité pour A décroisse quand la quantité augmente, mais une infinité de fonctions peuvent répondre à cette condition ; et si l'on choisit celle qui résulterait de statistiques, c'est un constat et non de plus de la théorie.

Il en est de même pour la plupart des autres concepts économiques (travail, etc.) traités quantitativement dans les équations de Jevons. Et « l'assimilation des lois de l'équilibre économique aux principes de la mécanique statique n'a point jusqu'ici plus de portée qu'une figure de langage » (p. XII).

Ainsi ce premier examen aboutit à ne trouver dans l'économie mathématique que « des raisonnements quantitatifs portant sur des choses qui ne sont pas des quantités puisqu'elles ne sont pas mesurables ». Mais ce jugement est peut-être trop sévère.

D'abord, poursuit donc M. Painlevé, certaines classes de faits économiques (assurances, mouvements d'ensemble du crédit, etc.) peuvent être légitimement soumises au raisonnement mathématique, parce que l'élément psychologique n'y intervient que sous la forme statistique. L'usage des mathématiques permettra encore de résoudre aisément des questions devant lesquelles le raisonnement ordinaire pourrait être embarrassé ou impuissant (par exemple, recherche du bénéfice maximum dans certaines hypothèses complexes). Mais cette utilité des mathématiques pour la science économique est « aussi humble qu'incontestable ». N'y a-t-il pas plus, pour avoir occupé « des esprits aussi vigoureux que Cournot et Walras » ?

La double équation plus haut rappelée ne définit sous une forme quantitative l'état d'équilibre du marché considéré que moyennant l'hypothèse que le degré de satisfaction ou la valeur se quantifie en fonction de la quantité. Soit. Mais, cette hypothèse admise, la double équation nous montre aussitôt nettement, dans ce cas pourtant très simple, les dépendances réciproques et continues que suppose cet équilibre, les directions des variations avant l'équilibre, etc. Ne retenons que les tendances *qualitatives* ainsi montrées et qui subsistent quelle que soit la fonction (pourvu que celle-ci varie en raison inverse de la quantité). On voit qu'ici « le raisonnement mathématique nous sert d'instrument auxiliaire et provisoire pour déduire, plus commodément et avec plus de sûreté, des conséquences qualitatives de prémisses qualitatives ». L'emploi des mathématiques, en un pareil cas, se justifie en ce que « notre capacité de déduire en langage ordinaire est incomparablement plus faible qu'en langage mathématique ». C'est même, pour M. Painlevé, le principal service rendu jusqu'ici par l'économie mathématique que d'avoir pu, par cette quantification artificielle, mettre en évidence, sur un schéma pourtant grossièrement simplifié, l'extrême complexité des interdépendances impliquées dans les phénomènes économiques : « Or, si c'est là le schéma, qu'est-ce donc que la réalité ? »

Service plutôt négatif, sans doute, mais non médiocre, en ce qu'il introduit la critique et l'esprit scientifique dans ce domaine, et de là dans toute la sociologie.

Enfin les phénomènes économiques, s'ils ne sont pas la matière d'une science exacte, peuvent présenter de ces lois de la troisième sorte plus haut indiquée, qui astreignent les phénomènes sans les déterminer.

Voilà l'œuvre présente de l'économie mathématique : peut-on en attendre davantage ? « Un temps viendra-t-il où une économie vraiment scientifique s'imposera à tous les esprits, comme c'est le cas aujourd'hui pour la géométrie, et fixera la valeur de tout objet d'échange de façon tellement indiscutable que non seulement aucune intelligence, mais même aucune volonté n'essaiera de se soustraire aux décisions de sa logique ? » Une définition de la valeur intrinsèque et absolue est impossible, et même s'il en était trouvé une que la science déclarât *juste*, « il n'est point de raisonnements mathématiques qui puissent imposer la notion de justice sociale à ceux qui ne la possèdent pas ou qui refusent de s'y plier ». — Mais les esprits rebelles aux arguments théoriques s'émeuvent souvent devant les conséquences *réelles* constatées : or, pour apprécier ces conséquences (par exemple, pour décider, par une analyse du mouvement général des fortunes dans un pays, pendant un certain temps, si le capital s'accroît indéfiniment par l'intérêt, ou si l'influence de l'intérêt est contrebalancée par des causes contraires), l'emploi de méthodes mathématiques seul peut apporter quelque certitude.

— L'étude de M. Painlevé touche, on le voit,

à des questions essentielles pour l'économie mathématique et même pour toute science économique. En nous félicitant de la posséder telle
qu'elle nous est donnée, nous ne pouvons pas
cependant ne pas regretter un peu qu'elle ait été
faite à propos d'une œuvre qui a une importance
historique sans doute, mais qui n'est pas le plus
résistant des travaux classiques de l'économie
mathématique, et qui, en tout cas, datant bientôt de quarante années, ne présente pas exactement les positions prises par les représentants
actuels sérieux de cette méthode. Bien que M.
Painlevé se réfère en plusieurs endroits à certains de ces autres travaux, il est pourtant manifeste (et cela était forcé en effet) que l'occasion
de son étude en a conditionné fortement
l'élaboration ; et ce sont les défauts du cadre
qui nous paraîtront responsables si la discussion qui s'y trouve instituée n'apparaît pas
aussi probante et serrée que nous l'aurions
obtenue d'un tel auteur sur des questions mieux
posées.

II. — VALEUR ÉCONOMIQUE ET GRANDEUR MESURABLE

Ainsi les objections préjudicielles de M. Painlevé à la possibilité d'une mesure objective de
la valeur économique nous paraissent porter contre une conception de la valeur qui, si elle n'est

pas entièrement éliminée par Jevons, nous paraît devoir l'être tout à fait de la théorie économique actuelle. Étant donné un lot de poissons et un gramme d'or, unité de valeur, personne, nous dit M. Painlevé, pourra-t-il, sur le seul examen de l'objet, connaissant cet objet, l'unité de valeur et rien d'autre, nous dire quelle est la valeur de ce lot de poissons à l'instant considéré ? Mais, prenons une comparaison : appelons valeur nutritive d'un aliment, par exemple, le rapport de la quantité assimilée de cet aliment par un organisme à la quantité ingurgitée ; soit la valeur nutritive d'un gramme de bœuf l'unité de valeur nutritive ; et soit à mesurer la valeur nutritive d'une certaine quantité d'un aliment quelconque, par exemple, d'un lot de poissons : niera-t-on que cette valeur nutritive soit une grandeur objectivement mesurable par cette seule raison que personne, sur le seul examen de l'objet, connaissant cet objet, l'unité de valeur nutritive intrinsèque et absolue *et rien d'autre*, ne pourra dire quelle est la valeur nutritive de ce lot de poissons ? (Car il est bien évident que notre valeur nutritive, dépendant, par définition, du fonctionnement d'un organisme, ne peut être déterminée en dehors de tout organisme, et valoir identique pour tout organisme présent, passé ou possible ; et l'on peut dire même qu'ainsi posée la question de la mesure de cette valeur nutritive n'a pas de sens.)

Il en va de même pour la valeur économique. Sans doute les premiers économistes, dans leur désir d'atteindre à de l'objectif, et faute de voir comment cette notion pouvait avoir en elle-même son objectivité véritable, ont pu être tentés dè rattacher la valeur économique des choses à quelque propriété de ces choses, existante et reconnaissable dans ces choses elle-mêmes ; et il persiste encore, croyons-nous, des restes de cette tendance dans la théorie la plus courante aujourd'hui de la valeur (c'en est justement, à nos yeux, un des vices rédhibitoires). Mais, — soit qu'avec certains des plus récents économistes mathématiciens, on réduise la notion de valeur à un pur rapport d'échange ou d'échangeabilité entre les choses, soit que, comme il nous semble, il faille bien reconnaître une réalité distincte à l'espèce même de grandeur selon laquelle se constituent ces rapports, c'est-à-dire à la notion de valeur économique, et rencontrer là sans doute un phénomène *sui generis* irréductible, — quoi qu'il en soit (car cela n'importe pas à notre objet présent [1]), il faut, si nous voulons rendre explicite ce qui est toujours impliqué dans cette notion

---

1. Pour la même raison, nous laissons également de côté, — pour cette fois, — la question, pourtant si importante, de savoir s'il est ou non nécessaire que cette valeur s'incorpore dans quelque étalon, c'est-à-dire dans une certaine marchandise, dont ce soit le rôle ou un des rôles de servir ainsi d'étalon à la valeur (Cf. à cet égard, Marshall, I, p. 109).

même de valeur économique, apercevoir et dire nettement que cette valeur économique des choses (ou d'une chose par rapport à une autre, ou aux autres) n'est absolument pas dans les choses auxquelles on l'applique, et que, dans son essence, dans sa réalité même, *elle ne s'établit et n'existe pas autrement que dans un esprit*, dans l'esprit d'un homme, de plusieurs hommes, d'un groupe d'hommes, etc. Chercher une valeur économique intrinsèque et absolue, en entendant par là que cette valeur soit déterminée et déterminable indépendamment de tout esprit, est donc une entreprise contradictoire dans les termes. Il peut sans doute exister dans les choses telle ou telle propriété qui soit un élément dont dépende, dans l'esprit où nous la trouvons, cette valeur; mais ces propriétés ne sont pas la valeur. Une mesure de la valeur économique indépendamment de tout esprit est chimérique, je le veux bien; mais ce n'est point parce que la valeur ne serait pas objectivement mesurable : c'est parce que ce serait chercher à mesurer la valeur économique en dehors d'une condition sans laquelle elle n'existe pas; au fond, si la valeur économique est bien ce que nous venons de dire, la question ainsi posée *n'a pas de sens* : il n'est pas étonnant que la solution en apparaisse impossible.

Chimérique, dit encore M. Painlevé, l'espoir que jamais puisse être fixée pour une chose une valeur qui s'impose à tous les esprits. Est-ce tellement chimérique ? Je n'en sais rien. Est-ce tellement, du reste, un idéal souhaitable ? Ce n'est pas le lieu de le discuter. Car, quoi qu'il en soit, cela n'a pas de rapport nécessaire avec la question présente : il n'est pas plus nécessaire, pour que la valeur économique soit une quantité objectivement déterminée, objectivement mesurable, qu'elle soit la même pour tous les esprits, qu'il n'est nécessaire, pour que la valeur nutritive plus haut définie soit une quantité objective mesurable, qu'elle soit la même pour tous les organismes, ou qu'il n'est nécessaire, pour que la densité soit une grandeur objective mesurable, qu'elle soit la même pour tous les états d'un même corps ou pour un même corps à toutes les températures. Ce n'est pas un empêchement à ce que la valeur d'une chose soit l'objet possible d'une connaissance quantitative, que pour une même chose la grandeur de cette valeur se montre différente dans des conditions différentes, et donc notamment, si l'esprit où se détermine cette grandeur est une de ces conditions, qu'elle soit différente pour les esprits différents. Tout au contraire, ce qui serait dans notre notion un vice préjudiciel éliminant d'emblée toute étude de science, ce serait que dans des conditions différentes la valeur d'une même chose fût la même, ou que dans des conditions identiques elle fût différente. Mais quelqu'un présente-t-il l'idée et nous apporte-t-on quelque exemple d'une pareille indétermination ? Que prouve le cas des deux pêcheurs monopoleurs allégué par M. Painlevé et le fait, que, suivant qu'ils seront trustés ou non, le prix du poisson sera grandement différent, sinon que l'entente ou la concurrence entre les producteurs est une des conditions dont dépend le prix, et en quoi l'influence possible de cette condition fait-elle que, dans chacun de ces cas, la valeur du poisson ne soit pas une grandeur objective susceptible d'étude scientifique ? La densité d'un gaz cesse-t-elle d'être une grandeur objet de science possible, parce que pour le même gaz elle ne reste pas la même suivant que la température ou la pression seront différentes ? Cesserait-elle de l'être parce que, pour un même gaz, à la même température et pression, elle varierait d'un jour à l'autre suivant telles autres conditions déterminées ou déterminables[1] ?

---

1. Est-ce la variabilité de l'étalon servant ici à la mesure (variabilité de la valeur de la chose servant de monnaie) qui ferait la difficulté ? Mais : 1º c'est, au degré près, le cas de tout étalon, même matériel ; et ici, comme ailleurs, on peut tâcher de mesurer la correction à apporter de ce fait aux mesures opérées suivant cet étalon (c'est l'un des objets des index numbers) ; 2º des tentatives (intéressantes particulièrement au point de vue mathématique) ont été faites pour définir une mesure générale de la valeur d'échange en fonction de l'ensemble des marchandises (et non seulement de la marchandise-étalon). Cf. Walsh, *The measurement of the general exchange-value* ; et sur toute la question de mesure par la monnaie, Bourguin, *La mesure de la valeur et la monnaie* et notre compte rendu, *Année sociol.*, I, p. 475-480.

Entre ces cas nous n'apercevons qu'une différence : si la notion de valeur économique est bien ce qui vient d'être dit, la nature et du phénomène lui-même et de certaines de ses conditions apparemment essentielles est évidemment psychologique ; serait-ce donc dans cette nature psychologique, que nous trouverions la raison profonde, plus ou moins consciente du reste, des objections qui sont faites à la possibilité d'une science quantitative de ce phénomène ? Est-ce donc cette double idée que « psychologique » et « objectif » d'une part et que « psychologique » et « quantitatif » d'autre part s'excluent, que nous rencontrerions en définitive au fond de ces résistances et de ces réserves ? Mais c'est peut-être justement ici que cette double exclusion est le moins soutenable. — Quant au phénomène lui-même, que cela paraisse explicable ou non, primitif ou dérivé, c'est *un fait* qu'une représentation de valeur économique dans notre esprit est quantitative (c'en est même, à notre avis, la caractéristique essentielle, et nous dirions même peut-être la définition, — à la différence, par exemple, d'une représentation de valeur éthique, essentiellement qualitative au contraire). Et cette évaluation quantitative est-elle susceptible d'une constatation objective (c'est-à-dire indépendante de l'arbitraire de celui qui la fait) ? On pourrait encore discuter la question tant que cette évaluation reste à l'intérieur d'un esprit ; et nous ne

dirons pas que nous la résoudrions par la négative ; mais cette discussion ne nous est pas ici
indispensable, puisqu'il n'est pas contesté (et
par les économistes mathématiciens encore moins
que par les autres) qu'il s'agit surtout de saisir
et d'étudier cette valeur *dans l'échange*. Or, l'é-
change implique des faits matériels, où il se traduit, qui sont très évidemment susceptibles de
constatation objective : s'il a été constaté par des
observateurs dignes de foi, avec toutes les précautions requises pour une bonne observation,
que, par exemple, tel jour, en tel lieu, Pierre a
échangé avec Paul cinq livres de pain contre un
franc, le fait qu'en ce jour et ce lieu, pour les
esprits de Pierre et de Paul, *en tant qu'ils pro-
cédaient à cet échange*, l'unité de pain a valu 1/5
de l'unité de monnaie, ou que la valeur du pain
en monnaie se mesure par le rapport 1/5, est un
fait à la fois aussi purement quantitatif et aussi
objectif que peut l'être la constatation faite par
un chimiste, bon observateur, procédant avec
toutes les précautions requises, que tel volume
de tel gaz a pesé tant de grammes et que par
suite sa densité a été de tant. M. Painlevé a raison de penser que, pour conférer à la définition
de la valeur et à la mesure de cette valeur l'objectivité, cette définition et cette mesure doivent
pouvoir s'imposer à tous les esprits : mais ce
n'est pas au sens où il paraît le dire, c'est-à-dire
en ce sens que tous les esprits aient à accepter

pour eux-mêmes cette mesure et ne puissent avoir de la même chose une estimation propre différente (que, dans notre exemple, le pain doive valoir à jamais et pour tout le monde o fr. 20 la livre); c'est en ce sens que tous les esprits aient à reconnaître que pour tel esprit, dans le cas donné, la valeur de cette chose était telle (que, dans notre exemple, ce fait que, pour Pierre et pour Paul, en ce lieu, en ce jour, etc., *si* ces circonstances jouent en effet le rôle de conditions influentes sur ce prix, le pain ait valu o fr. 20 la livre, soit pour tous les esprits un fait constant, non suspect d'avoir été arbitrairement déformé par l'observation).

III. — PRÉMISSES HYPOTHÉTIQUES. CONSÉQUENCES INVÉRIFIÉES

Ainsi la valeur économique des choses, pour n'être point une propriété intrinsèque des choses, pour être essentiellement une relation existant pour un esprit ou des esprits, ne laisse pas de nous apparaître comme une notion objective, quantitative, mesurable. Mais, pour qu'un phénomène donne matière à une connaissance de science, ce n'est pas assez qu'il soit objectivement, quantitativement observable en lui-même : il faut encore qu'il puisse être objectivement, et si possible quantitativement, étudié dans ses relations avec d'autres phénomènes, avec des phénomènes qui le déterminent, ou avec des phénomènes qu'il détermine. Or, sur ce second point nous trouvons la critique de M. Painlevé en pleine valeur : elle vaut non seulement contre Jevons, mais contre toute l'économie mathématique antérieure ou ultérieure, et même, comme nous le verrons plus loin, elle peut paraître lui accorder encore trop. Mais, en recherchant la raison de cette imperfection si nettement dénoncée, nous allons tâcher de reconnaître si cette critique vaut contre toute science économique possible faisant usage des mathématiques.

Ce n'est pas faire une objection radicale à l'économie dite mathématique que de lui demander quelle est la proposition établie par elle qui n'ait pas été ou ne puisse être établie et formulée par l'économie en langage ordinaire[1]. Car, la puissance de déduire étant assurément beaucoup plus grande et la déduction plus précise, plus

1. Tout de même, si les mathématiques sont à ce point utiles et même nécessaires, n'est-il pas étrange que des économistes mathématiciens eux-mêmes puissent, comme M. Marshall dans ses *Principes*, comme M. Pareto dans son *Manuel*, faire non pas seulement un résumé de vulgarisation, mais un exposé savant et intégral de leur science, sans faire usage des mathématiques, en reléguant démonstrations et formules mathématiques dans des appendices ? Conçoit-on un cours même tout élémentaire, à plus forte raison un cours un peu avancé, de mécanique ou de physique, qui éliminerait toute mathématique de son texte, pour n'en donner qu'en annexe ? (*N. en part. n.*).

commode peut-être, et plus sûre en langage mathématique (du moins pour les esprits auxquels il est familier) qu'en langage ordinaire, même si l'économie mathématique ne nous avait pas encore apporté de résultats propres, on ne pourrait, par cet argument de fait, fermer l'avenir à cette méthode, si elle ne rencontre pas une impossibilité de droit.

Ce n'est pas non plus à la légitimité en elle-même de la méthode jusqu'ici suivie ou tentée par l'économie mathématique qu'il nous paraît y avoir lieu de s'attaquer : c'est à son succès. Pour arriver à comprendre des phénomènes complexes et échappant à l'expérimentation artificielle, il est certainement légitime de chercher à partir de propositions abstraites simples, soit tirées de quelques faits plus ou moins rigoureusement observés, et généralisés provisoirement par hypothèse, soit tirées d'hypothèses faites d'intuition, à l'essai, ou même arbitrairement, et d'en déduire par dérivation successive, et complication systématique croissante, les phénomènes qui paraissent devoir en découler. Mais, quelques services que doive rendre ce travail analytique, la valeur de science qu'il peut prendre ne dépend ni uniquement ni surtout de l'exactitude et de la puissance de la déduction qu'il opère ; elle dépend essentiellement de la valeur des prémisses, d'un côté, et de la valeur des conséquences, de l'autre. D'où part donc et où aboutit la déduction mathématique opérée jusqu'ici en économie ? Elle part de propositions hypothétiques, de nature qualitative, et elle aboutit à des propositions invérifiées, et de nature qualitative encore : ce « vêtement quantitatif » (selon la pittoresque et juste expression de M. Painlevé) jeté sur les opérations intermédiaires ne change la nature ni de celles-ci ni de celles-là. Et c'est seulement par ce vêtement des opérations intermédiaires que l'économie mathématique (jusqu'ici) diffère de l'économie déductive traditionnelle.

Le fondement des théories reste donc le même. Une analyse *hypothétique* de facteurs psychologiques individuels, que l'on suppose agir sur les phénomènes économiques, est traduite et exprimée par des symboles mathématiques : mais elle-même ne devient pas pour cela mathématique, et la nature et la valeur des preuves de fait qui peuvent l'appuyer n'en sont pas changées. Par exemple, où l'économie en langage ordinaire énonce que l'utilité d'un bien pour un individu décroît à mesure que la quantité dont il peut disposer augmente, l'économie mathématique écrit que si x est la quantité, l'utilité sera $\varphi(x)$; mais elle est bien incapable de déterminer le moins du monde cette fonction (une infinité de fonctions comme l'a remarqué M. Painlevé peuvent répondre à la seule question posée). Non seulement l'expression mathématique n'ajoute aucune preuve à l'établissement de cette relation, mais encore il n'est donné aucune preuve que cette relation soit susceptible d'une expression mathématique, c'est-à-dire qu'elle soit relation établie entre des éléments *l'un et l'autre* quantitatifs. C'est par un postulat (et, si l'on voulait y prendre un argument en faveur des résultats, ce serait par une pétition de principe) que cette expression mathématique est établie (Cf. la phrase caractéristique de M. Aupetit, *Théorie de la monnaie,* déjà citée par MM. Gide et Rist : « Nous ne connaissons pas la relation précise qui lie la fonction à la variable..., mais à toute valeur de la seconde *nous admettons que* correspond une valeur déterminée de la première[1] »).

Aussi toute cette mathématique économique est tout à fait incapable d'aboutir à une application de fait et à des résultats numériques (ce qui cependant, même si cette théorie n'a pas besoin de vérification, — et nous contesterons plus loin ce point, — ferait du moins qu'elle servît à quelque chose). M. Pareto le reconnaît en un passage notable : après avoir établi ce qu'il considère comme une théorie générale de l'équilibre, il ajoute qu' « elle n'a nullement pour but d'arriver à un calcul numérique des prix » ; supposé même

---

1. Gide et Rist, *Histoire des doctrines économiques,* p. 617, n. 2. — Cf. aussi la phrase essentielle de Walras, justement soulignée par M. Bourguin (*Mesure de la valeur,* p. 30-33, C. R., *Année sociol.,* I, p. 477) : « *Je suppose* qu'il existe un étalon de mesure de l'intensité des besoins... »

que soient surmontées les difficultés de fait à l'observation des données qu'elle suppose (et c'est déjà là, selon M. Pareto, une hypothèse absurde), comme dans le cas relativement très simple d'un marché de 100 individus et de 700 marchandises, il y aurait d'après sa théorie 70 699 conditions à considérer et par conséquent un système de 70 699 équations à résoudre, « cela dépasse pratiquement la puissance de l'analyse algébrique, et cela la dépasserait encore davantage si l'on prenait en considération le nombre fabuleux d'équations que donnerait une population de quarante millions d'individus, et quelques milliers de marchandises. ... Si on pouvait vraiment connaître toutes ces équations, le seul moyen accessible aux forces humaines pour les résoudre, ce serait *d'observer la solution pratique que donne le marché* » (*Manuel*, III, § 217, p. 233-234). Mais M. Pareto, dans cet aveu, surfait encore l'économie mathématique en n'attribuant cette impuissance qu'à des raisons pratiques : même connaissant des valeurs de fait pour toutes les données inscrites dans ses équations et même pouvant résoudre ces systèmes, elle n'aboutirait pas à y donner des solutions numériques, parce que ses équations essentielles comprennent des fonctions, nous venons de le voir, tout à fait indéterminées, et, nous le verrons, indéterminables.

Tout cet appareil mathématique et ces systèmes

d'équations « fabuleux » ne doivent donc pas, par eux-mêmes, nous en imposer : ils n'apportent pas de vérité par eux-mêmes ; ils ne valent que ce que valent les bases sur lesquelles ils sont construits. C'est Jevons même qui le reconnaît ingénument : après avoir énoncé la proposition maîtresse « clef de voûte de la Théorie de l'échange », il ajoute : « Le lecteur... verra, je le crois, qu'elle [cette proposition] est nécessairement vraie, *si les principes de la nature humaine ont été correctement exposés dans les pages précédentes* » (p. 164, c'est nous qui soulignons). Mais ces principes sont essentiellement les mêmes que ceux auxquels se suspend aussi l'économie apriorique actuelle écrite en langage ordinaire ; plusieurs des économistes mathématiciens ont sans doute fait des efforts estimables pour les réduire le plus possible, pour leur donner une forme plus pure, plus rigoureuse, plus simple, pour en préciser le véritable sens et les défendre contre des objections trop rapides ; tels autres y ont apporté des modifications de mot plus que de fond ; et tels enfin conçoivent que ces principes puissent être retournés (par exemple, le principe altruiste substitué au principe égoïste, l'échange des sacrifices substitué à l'échange des utilités) et soient définis à volonté tout autres. Tout cela n'en change pas le caractère et ne les met pas à couvert des objections qui nous ont, à plusieurs occasions déjà, paru pouvoir y être faites et que nous ne reprendrons donc pas ici[1]. Ou bien ces principes prétendent, au vu de quelques exemples hardiment érigés en règle, exprimer une loi psychologique généralement vraie ; et sur ce terrain également, à simple inspection[2], nous y trouvons aussitôt tant ou de si grosses exceptions que les résultats déduits de ces prémisses ne peuvent à aucun degré valoir comme une représentation de la réalité, s'il ne nous est pas prouvé a posteriori que la réalité, dûment observée, en effet les confirme. Ou bien ces principes nous sont présentés comme des hypothèses libres, arbitraires, si l'on veut, mais servant ultérieurement à nous faire comprendre une réalité trop complexe pour être abordée directement ; et dans cette position les résultats qui en sont dégagés ne valent évidemment pour cette intelligence de la réalité que s'ils nous sont prouvés y être conformes[3].

De toutes façons donc, on le voit, nous devons passer du point de départ de ces théories à leur

1. V. notamment ci-dessus études III, sect. ii, et IV, sect. ii, et ci-dessous étude VII, sect. iii (*N. n.*).

2. Voir notamment la faiblesse des réponses faites par M. Marshall aux objections qu'il prévoit à la loi de décroissance de l'utilité-limite (sans parler de celles qu'il ne prévoit pas), *Principes* I, p. 223 et suiv. Cf. toutes les réserves et exceptions qu'il formule sur ses hypothèses essentielles (par exemple : libre concurrence, distribution, II, p. 30 sqq., 248 sqq.).

3. En dehors des principes psychologiques, il y a aussi, comme hypothèses, des propositions telles que la loi des rendements décroissants dont nous ne reprendrons pas non plus la discussion ; elles ne sont pas spéciales, d'ailleurs, à l'économie mathématique.

point d'arrivée et à ce point d'arrivée leur demander leurs preuves qu'elles répondent à la réalité. Pourtant, si étrange que cela puisse paraître à qui a pratiqué une quelconque de nos sciences positives, cette nécessité de contrôler par les faits les résultats d'une déduction à prémisses hypothétiques n'est pas, même en principe, reconnue par tous les économistes mathématiciens ; et elle n'est reconnue en fait par aucun d'eux. « Les théories ne sont que des moyens de connaître et d'étudier les phénomènes... De toutes façons elles doivent être d'accord avec les faits », écrit bien M. Pareto dans les principes généraux de son *Manuel* (p. 11), et plus loin : « Il est faux de croire que l'on puisse découvrir exactement les propriétés des faits concrets en raisonnant sur les idées que nous nous faisons *a priori* de ces faits, sans modifier ces concepts en comparant *a posteriori* ces conséquences avec les faits » (p. 13). Mais, comme il ajoute peu après que « l'économie politique est arrivée, elle aussi, en grande partie du moins »... « au point où les faits sont étudiés directement (p. 14) », il nous paraît clair que nous ne nous entendons pas : car, dans tout son manuel, nous ne trouvons pas la moindre confrontation de ses théories avec une constatation méthodique des faits ; et ce n'est surtout pas dans ces aperçus fantaisistes et digressions d'objet et de ton extra-scientifiques qui remplissent le chapitre intitulé « Le phénomène économique concret », et dont le mieux qu'on puisse dire est qu'ils n'ont aucun rapport avec une science économique digne de ce nom.

De même, en principe, M. Marshall déclare qu'en économie politique les longues déductions poursuivies sans « recourir à l'observation et à l'étude directe de la vie réelle »... « ne pourraient pas être assez conformes à la réalité pour servir de guide à l'action » (I, p. 122); « elles ont besoin qu'on les complète par l'expérience spécifique, et qu'on les emploie *en les conformant, et souvent en les subordonnant,* à une étude continuelle des faits et à une recherche continuelle de nouvelles inductions » (I, p. 123). Mais, d'abord, ce n'est pas seulement pour les applications pratiques que cet appel à l'expérience est ici nécessaire ; c'est pour l'établissement même de la science pure entendue au vrai sens du mot (cf. *Année Sociol.,* X, p. 509-511 et ci-dessus Ét. IV, sect. 1). Et ensuite ce précepte même, M. Marshall ne nous paraît en fait, dans son traité, nullement l'appliquer. Ou bien, à la vérité, il indique que les théories présentées sont faites dans l'hypothèse d'un certain nombre de conditions qui ne se trouvent pas toujours réalisées dans la vie réelle, ce qui, pour faciliter les débuts de l'analyse, est jusqu'ici légitime ; mais il ne rétablit nulle part toutes les conditions différentes, présentées par la réalité, pour y « conformer » et encore moins y « subordonner » ses théories (cf.

par exemple toute la théorie du salaire, II, p. 239-368). Ou bien ce qui peut passer ~~comme~~ un contrôle par les faits, nous l'appellerons proprement affirmations sans preuve, et d'ailleurs trop vagues pour en être susceptibles (par exemple, sans autres preuves, II, p. 161 : « Cette théorie [de l'équilibre stable de l'offre et de la demande normale] dans sa partie élémentaire, *ne s'écarte pas beaucoup* des faits réels de la vie ; *cet écart n'est pas assez grand* pour l'empêcher de donner un tableau très véridique… » ; il ajoute du reste que, lorsque cette théorie est poussée plus loin, « jusqu'à ses conséquences logiques les plus lointaines et les plus compliquées, elle sort des conditions de la vie réelle »).

Jevons, sans doute parce qu'il croit (p. 73, 77, etc.) ses principes psychologiques et l'analyse qu'il en fait beaucoup plus proches de la réalité du sens commun qu'ils ne le sont vraiment, ne paraît pas se poser nettement la question. Il conçoit (p. 78 et ailleurs) que « la science déductive de l'économique doive être vérifiée et rendue utilisable par la statistique purement empirique », mais elle n'a pas besoin de cette vérification pour être vraie. Ailleurs il allègue surtout que des lois générales ne cessent pas d'être vraies, parce que des faits complexes où leur action est voilée, ou neutralisée, ou dominée par d'autres influences ne les vérifient pas (p. 59, 74, etc.); et cela est bien évident en effet : mais l'impossibilité de vérifier ces prétendues lois générales dans la plupart des cas offerts par la réalité n'est tout de même pas non plus une preuve qu'elles soient vraies ; et il faudrait donc que cette vérité fût d'autant plus solidement établie par ailleurs. Or ce n'est pas quelques exemples de fait, présentés ici et là, à titre d'illustration, du reste, plus que de preuve (par exemple, variations du prix du blé, p. 232-236), — sans une revue préalable de tous les faits à considérer, et sans un choix raisonné montrant dans les faits retenus les faits les plus représentatifs de la réalité générale, — qui peuvent suffire à établir ainsi cette vérité. Il serait vraiment trop commode de donner valeur de preuve générale aux cas de fait qui se trouvent coïncider avec la théorie hypothétique, et de nier toute valeur de contre-argument à tous les cas qui ne s'y montrent pas conformes.

M. Irving Fisher, dans l'ouvrage que nous étudions autre part[1], présente une vérification de sa théorie de l'intérêt par les faits. Mais il estime qu'en pareil cas on doit se déclarer satisfait si les faits se montrent à quelque degré *compatibles* avec la théorie : car, la théorie se suffisant par elle-même, il n'est pas nécessaire d'atteindre à une exacte conformité pour que la théorie soit vraie, mais, si la théorie était vraiment erronée, une vue même superficielle des faits suffirait sans doute à

---

1. V. *Année sociol.*, t. XI (1906-09), p. 688-96.

le dénoncer. Mais ou bien la théorie se suffit et les faits ne prouvent rien, ni pour ni contre elle, ou bien elle ne se suffit pas, et elle a besoin, avant d'être tenue pour vraie, d'être montrée conforme aux faits et non pas seulement compatible avec eux. Au reste, ces confirmations ne confirment justement pas (on pourra le voir dans notre étude sur cet ouvrage) l'essentiel et le propre de la théorie qu'a présentée M. Fisher. Et de fait il y a peut-être, en effet, des raisons radicales pour qu'elle et toutes les théories de ce type ne soient pas vérifiables, mais nous toucherons ce point plus loin.

Ce que nous notons en ce moment, c'est que les économistes mathématiciens n'hésitent pas à donner valeur de science à leurs constructions hypothétiques avant qu'elle soient contrôlées par les faits, sans qu'elles le soient, et même alors qu'elles sont contredites par au moins une partie des faits. Et ce n'est pas trop dire que de dénoncer là un scandale méthodologique, dans une science qui se propose d'expliquer une réalité. Les sciences modèles dont ils pourraient le mieux se réclamer condamnent formellement cette attitude. Un des meilleurs exemples qu'on puisse invoquer en faveur du droit de partir d'hypothèses construites par l'esprit pour arriver à une théorie explicatrice de phénomènes complexes, ingrats à aborder directement, est certainement celui de la théorie atomique. Mais : 1° les savants

qui l'ont défendue se sont préoccupés de prouver
en fait que les conséquences s'en vérifiaient ; et,
si elle a pris le rôle que l'on sait, c'est que *toutes*
les conséquences qu'on pouvait en tirer par le
raisonnement, se trouvaient en fait vérifiées ; 2°
néanmoins, ~~malgré~~ que toutes les conséquences
aient été vérifiées et qu'aucun fait ne l'ait contre-
dite, cette théorie a continué, tant que la preuve
de fait n'a pas remonté plus haut que les conséquences, d'être tenue, même par ses partisans,
comme une hypothèse, et a été écartée par certains esprits ; et 3° enfin, si certains faits nouvel-
lement étudiés paraissent en offrir une vérification plus directe, personne, même parmi ceux qui
l'acceptaient déjà sur des preuves plus éloignées,
n'a pensé qu'il ne fût d'une grande importance
pour sa valeur de science que cette vérification
plus directe fût tentée et qu'elle réussît [1]. — Mais
que dire d'une théorie qui se dit vraie, alors
qu'elle n'en est même pas au premier de ces
stades ? Les raisons qu'on allègue parfois pour
que le cas de l'économique soit différent ne tiennent pas contre cette règle essentielle de toute
science positive. L'expérimentation artificielle
est ici impossible ? ingéniez-vous à trouver, dans
la réalité, des cas d'expérience topique. Les faits
sont trop complexes ? analysez-les. Ils sortent de

---

1. Cf. Perrin, *Revue du mois*, déc. 1909 p. 688-93 et *Bulletin de
la Société française de philosophie*, avril 1910.

l'hypothèse ? changez votre hypothèse, ce sont vos hypothèses qui doivent s'adapter aux faits et non les faits qui ont tort de ne pas se trouver tout conformes à vos hypothèses. C'est se priver d'un des plus puissants facteurs de progrès dans la théorie pure que de se dispenser de cet effort.

Mais enfin admettons même que tout cet effort pour rapprocher de plus en plus des faits les hypothèses et les théories, pour les régler sur eux, ne réussisse pas ou ne réussisse qu'imparfaitement (notons bien, toutefois, que comme les économistes traditionnels, mathématiciens ou non, n'ont jamais encore sérieusement tenté cet effort, d'une façon générale et méthodique, ils ne sont pas en droit présentement de déclarer d'avance cette réussite impossible). Il reste évidemment, *comme un pis-aller*, que l'esprit rationnel essaie, par des hypothèses plus ou moins arbitraires, plus ou moins artificielles, d'imaginer, concernant la quantification économique et l'échange des choses, un jeu de phénomènes abstraitement définis, relativement simples, qui nous représenterait en quelque sorte une vie économique intelligible. Mais, ou bien cette construction rationnelle est considérée comme un idéal arbitraire, assujetti, par conséquent, à la seule condition que ses démonstrations soient logiquement (ou mathématiquement) exactes et se suffisent à elles-mêmes, et à cette loi de progrès qu'elles deviennent de plus en plus complètes et avancent

toujours plus dans le champ des déductions possibles ; ou bien elle est considérée comme un
idéal, non réalisé sans doute et même non pleinement réalisable, mais sous-jacent à la réalité
concrète, exprimant un système virtuel sur lequel
l'actuel se modèle de plus en plus, ou un système parfait vers lequel cette réalité tend sans
peut-être jamais l'atteindre, et elle est, dans ce
cas, assujettie à la condition de s'accorder, dans
son principe, avec ce qui paraît être l'essence
même de la réalité considérée, et a comme loi de
progrès que cet accord tende à devenir de plus
en plus étroit et complet.

IV. — L'ÉCONOMIE MATHÉMATIQUE COMME CONSTRUCTION IDÉOLOGIQUE

Même à interpréter ainsi l'économie mathématique actuelle, il ne nous semble pas qu'elle satisfasse ni à la seconde ni même à la première
de ces conceptions possibles d'une économie
pure hypothétique. — Rappelons d'abord à quel
ordre de phénomènes l'économie mathématique
s'est jusqu'ici appliquée, ordre qu'elle avoue
n'avoir pas ou guère dépassé. Concentrée sur les
phénomènes d'échange — et il y aurait déjà, du
second point de vue, à discuter si ce sont bien
ces phénomènes et non plutôt des phénomènes
liés à eux, manifestés par eux, mais distincts, et

les expliquant plus qu'expliqués par eux, à savoir les phénomènes de valeur et de prix, qui sont les phénomènes économiques essentiels et premiers, — l'économie mathématique n'en a guère jusqu'ici traité que statiquement. M. Pareto qui voit à l'économie pure « trois parties, une partie statique, une partie dynamique qui étudie des équilibres successifs, une partie dynamique qui étudie le mouvement du phénomène économique » (?) ajoute aussitôt : « La théorie de la statique est la plus avancée ; on n'a que très peu de notions sur la théorie des équilibres successifs ; sauf en ce qui concerne une théorie spéciale, celle des crises économiques, on ne sait rien de la théorie dynamique » (III, § 7 et 8, p. 147-148). Même comme construction purement idéologique, l'économie mathématique serait donc encore bien incomplète. Mais c'est une imperfection encore plus grave, si elle prétend à nous faire comprendre la réalité. Toute sa construction tourne autour d'une théorie de l'équilibre : mais, comme nous le remarquons autre part [1], à quoi nous sert cette théorie, même supposée parfaite, si c'est un perpétuel déséquilibre, ou une succession de déséquilibres, qui nous apparaît être l'essence de la vie économique réelle, et s'il apparaît rationnel et normal qu'il en soit ainsi ? C'est Jevons lui-

---

1. Cf. ci-dessous (en même temps que sur le caractère de science appliquée d'un tel problème), étude VII, sect. 1.

même qui va nous dire l'importance essentielle de la dynamique : « *La condition réelle de l'industrie* est le mouvement et le changement perpétuels... Si nous voulions avoir une solution complète de la question dans toute sa complexité naturelle, nous aurions à la traiter comme un problème de mouvement — un problème de dynamique » (p. 161). Pourquoi ne le fait-il donc pas ? La raison qu'il en donne aussitôt est une défaite ou un aveu assez grave pour l'économie mathématique : « Il serait assurément absurde de traiter la question la plus difficile lorsque nous ne possédons *encore qu'imparfaitement* la solution la plus facile. » M. Marshall (II, p. 38), remarquant à propos d'une théorie non médiocre (la théorie de la formation d'une valeur normale ou naturelle) qu'elle ne se réaliserait dans les faits que « si les conditions générales de la vie demeuraient stationnaires pendant un temps assez long » reconnaît que : « *Le fait que les conditions générales de la vie ne sont pas stationnaires* est la source de la plupart des difficultés auxquelles l'on se heurte quand il s'agit d'appliquer les doctrines économiques aux problèmes d'ordre pratique » (c'est-à-dire, dirons-nous, d'appliquer la théorie aux faits dont elle devrait nous rendre compte). Et ailleurs encore à propos de la théorie (non médiocre non plus) de l'équilibre stable de l'offre et de la demande : si cette théorie lorsqu'elle est poussée lui paraît, comme nous l'avons déjà cité plus haut, sortir des conditions de la vie réelle, c'est que « les problèmes économiques *sont imparfaitement présentés* lorsqu'ils sont présentés comme des problèmes d'équilibre statique et non comme des problèmes de développement organique » (II, p. 161).

Assurément personne ne peut exiger d'une discipline nouvelle que, pour prouver ses capacités, elle ait, du premier coup, à atteindre la perfection et à traiter tous les problèmes du champ qu'elle s'est assigné. Tout de même, si M. Pareto reconnaît en 1909 que l'économie mathématique n'est guère plus avancée en ces problèmes dynamiques que Jevons le constatait en 1871, on est en droit de se demander si cet arrêt prolongé devant eux ne cache pas une impuissance de les aborder vraiment, du moins par les moyens dont elle a fait emploi jusqu'ici ; et si ces problèmes à peine entamés sont, de l'aveu même de ces économistes, les problèmes essentiels pour l'intelligence de la vie économique réelle, on peut trouver que l'économie mathématique ne nous rend pas, même à titre hypothétique et comme construction artificielle, le service que nous pourrions attendre d'elle, et que c'est là une raison de plus pour nous tourner vers d'autres méthodes (nous croyons en effet, pour notre part, que pour avancer vraiment dans la connaissance économique, il faut s'attaquer directement et d'abord, à des variations, c'est-à-dire à la forme

dynamique des phénomènes, par la voie expérimentale).

Mais plaçons-nous sur ce terrain limité même,
— extérieur à l'essentiel de la vie économique,
— où s'est jusqu'ici cantonnée à peu près exclusivement l'économie mathématique : que prétend-
elle y avoir édifié en propre ? Elle établit, nous
dit-on, les conditions d'équilibre d'un marché
libre ; elle ne résout pas le problème, mais elle
le met en équation, et, en montrant que, les propositions établies par son analyse étant exprimées
dans ces équations, le nombre des équations est
égal à celui des inconnues, elle démontre donc
par là même, — et ce résultat lui suffit, — que,
supposé connues les données inscrites dans ces
équations, la solution est déterminée ; ou encore,
elle formule les dépendances mutuelles d'où res-
sort cette détermination. Et M. Painlevé lui accorde ce mérite d'avoir montré ainsi l'extrême
complexité des interdépendances impliquées dans
le phénomène économique, même hypothétique-
ment (et arbitrairement) simplifié.

Est-il vraiment sûr qu'elle nous rende ce service, — tout négatif qu'il soit et en tout cas peu
fécond en utilisations, — de nous montrer que
nous aurions la solution des problèmes posés, si
nous connaissions les données indiquées, que nous
ignorons ? Quelle preuve avons-nous que les
conditions exprimées dans les équations posées
sont bien *toutes* les conditions dont dépend le

phénomène, *suffisent* à le déterminer ? A défaut même d'une contre-épreuve expérimentale (qui nous est refusée et qui déciderait sans appel, dans un sens ou dans l'autre), l'analyse seule suffit à nous mettre au moins en doute à cet égard. Reprenons en effet, par exemple, les raisonnements par lesquels Jevons arrive à la double équation plus haut citée. « Supposons pour un moment, dit-il, que le rapport d'échange soit approximativement celui de 10 livres de blé à 1 livre de bœuf : alors *si*, pour le corps commerçant possédant le blé, 10 livres de blé sont moins utiles qu'une livre de bœuf, il désirera continuer l'échange plus loin. *S'il arrive que* l'autre corps possédant le bœuf trouve qu'une livre est moins utile que dix livres de blé, ce corps sera aussi désireux de poursuivre l'échange. ». Mais, *s'il n'arrive pas* que le corps possesseur du bœuf en fasse cette appréciation, que se passera-t-il ? « L'échange, poursuit Jevons, se continuera jusqu'à ce que chacune des deux parties ait obtenu tout le profit possible, et si on échangeait davantage il en résulterait une perte d'utilité (p. 164) ». Cela n'implique-t-il pas que le taux jusqu'où chacune des deux parties désirerait continuer l'échange, c'est-à-dire au delà duquel elle y trouverait une diminution d'utilité, soit le même pour les deux parties ? Auparavant même, s'il est vrai que, pour poursuivre ou pour s'arrêter, il faut bien que l'échange ait déjà commencé, cela n'implique-t-il pas que les estimations initiales respectives se soient trouvées telles que cet échange ait pu commencer ? Mais, sur ces deux points, est-il donc nécessaire qu'il en soit ainsi ? Rien dans les prémisses ne nous oblige à l'admettre, même par hypothèse (car, si nous ne l'admettions que par hypothèse, la théorie serait-elle autre chose qu'une tautologie ?). Lorsqu'il en est ainsi, à quelle condition se fait-il donc qu'il en soit ainsi ? — De même, chez M. Pareto étudiant les « conditions d'équilibre par rapport aux goûts » : « *Si* les obstacles du premier genre donnent sur ce chemin un point au delà duquel on ne peut aller, et *si* les propositions qui précèdent... sont moins avantageuses pour l'individu, il ira évidemment jusqu'à ce point, et là il s'arrêtera » (p. 183). Mais *si* les obstacles *ne donnent pas* un tel point, cela n'arrivera pas ; à quelles conditions se produit-il donc qu'ils le donnent ? Et dans la théorie de « l'équilibre des goûts et des obstacles » : « Si deux individus contractent ensemble, les points où se coupent les lignes des échanges de ces individus constituent des points d'équilibre » (p. 189). Mais est-il donc forcé que ces lignes se coupent ? Certainement non. Alors de quelles conditions dépend-il qu'elles se coupent ? — De même encore, M. Marshall, dans sa représentation géométrique de l'équilibre de l'offre et de la demande (II, p. 36), implique que les deux courbes de l'offre et de la demande se coupent, mais ne nous prouve ni qu'il est nécessaire ni de quelles conditions il dépend qu'elles se coupent en effet. — Dira-t-on que, s'il en est autrement, il n'y aura pas échange, ou tout au au moins pas échange en équilibre et que, par suite, cela est en dehors de la théorie en question ? Mais, si elle peut bien, en effet, ne pas avoir à étudier ce par quoi se produit le déséquilibre, une théorie de l'équilibre peut-elle donc se dispenser d'étudier ce sans quoi ne se produit pas l'équilibre ? — On le voit, ce que l'économie mathématique jusqu'ici appelle déterminer les conditions de l'équilibre de l'échange, ce n'est pas, comme on pourrait le croire, déterminer les phénomènes dont il dépend que cet équilibre *soit possible,* encore moins déterminer les phénomènes dont il dépend que cet équilibre *se produise* : c'est simplement énoncer des phénomènes dont on puisse dire qu'ils se trouvent réalisés là où cet équilibre se trouve réalisé et que là où ils se trouvent réalisés cet équilibre se trouve réalisé ; autrement dit, ce ne sont ni les *conditions proprement dites* ni encore moins les *causes* de l'équilibre, au sens véritable que la méthodologie des sciences positives donne à ces mots : ce sont, si l'on veut, des *caractères constants,* ou, au mieux, des *éléments de la définition* de cet état d'équilibre. C'est à peu près comme si l'hydrostatique appelait condition de l'équilibre d'un liquide (au sens soit de condition proprement dite, soit de cause) le fait que la surface supérieure en soit horizontale[1].

Et c'est peut-être encore trop dire : il y aurait à voir, en effet, si ces prétendues conditions, plus encore que des caractères constants, ne sont pas proprement des *conséquences* de l'état d'équilibre. L'état d'équilibre existe, l'équilibre est déterminé, nous dit-on, lorsque le rapport des utilités finales des biens échangés est le même chez les divers échangistes. Mais à quoi reconnaîtra-t-on que ce rapport est le même chez les divers échangistes ? A ce que l'équilibre existe. Autrement dit, supposons que l'on veuille établir en fait les données inscrites dans les équations de l'équilibre : Y aurait-il un autre moyen d'établir la fonction qui lie inversement les quantités échangées et les prix que de constater en fait quels prix correspondent à telles quantités échangées (et c'est bien ainsi en effet que nos auteurs eux-mêmes conçoivent le passage à des applications numériques, par exemple Jevons, p. 222 sqq.) ? Mais qu'est-ce à dire sinon que c'est un système d'équations dont nous ne pouvons éta-

---

1. C'est M. Marshall lui-même qui nous dit du facteur par lequel il construit l'essentiel d'une de ses théories explicatives (théorie du salaire) que ce facteur « ne fait pas autre chose que mesurer le résultat des causes qui gouvernent les salaires des pâtres, tout comme *les mouvements d'une soupape de sûreté* peuvent mesurer les causes multiples qui gouvernent la pression dans une chaudière » (II, p. 261). Mais où est donc la théorie propre de la pression de la vapeur, qui est ce qui nous importe avant tout ?

blir les données que si nous en connaissons les inconnues ? Ne serait-ce donc pas plutôt ces prétendues données qu'il conviendrait de prendre pour inconnues et les quantités traitées en inconnues qui devraient être les véritables données ? Mais alors nous aurions plus d'inconnues que d'équations, c'est-à-dire la solution du problème, même tel qu'il est posé, ne serait pas déterminée. — De même, lorsque M. Pareto dans sa théorie de l'équilibre au cas général (p. 324-33) exprime cet état par plusieurs conditions, répétées respectivement par le nombre des individus ou par le nombre des marchandises (dans un marché de 100 individus et de 700 marchandises, on aurait au total 70 699 conditions), et trouve un nombre d'inconnues exactement égal à celui de ces conditions traduites en équations, ce résultat, qui entraîne la détermination du problème, ne serait-il pas obtenu seulement au prix d'une omission ? Ne manquerait-il pas encore toute une catégorie de conditions et par conséquent d'équations, pourtant certainement impliquées dans le raisonnement (à savoir des équations de définition du prix des marchandises), et justement cette catégorie d'équations ne comporterait-elle pas un nombre d'inconnues supérieur d'une unité à celui des équations ? (Il ne suffirait pas de répondre que la notion de [prix n'est pas essentielle à la théorie : car c'est vainement, croyons-nous, que M. Pareto croit n'introduire cette no-

tion qu'une fois la théorie de l'équilibre d'abord
formulée sans elle, p. 307 : non seulement il en a
fait l'usage implicite qu'il reconnaît, et y a trouvé
une inconnue auxiliaire fort utile ; mais encore
il n'a en réalité éliminé la notion de prix de l'essence de sa théorie que parce qu'il a transporté
aux notions vagues, les « goûts » et les « obstacles », dont il a constitué cette essence, justement
les propriétés caractéristiques indispensables de
la notion de prix[1]). — Et de même encore, dans
la théorie de la détermination de l'intérêt,
M. Irving Fisher n'aurait-il pas en réalité, comme
nous le demandons dans l'étude déjà indiquée,
une inconnue de plus que d'équations ?

Que ce doute puisse être levé ou non, qu'il le
soit par de simples artifices mathématiques, ou
par des raisonnements bien fondés sur les prémisses posées, il a, pour notre objet actuel,
autant de sens : il signifie que, par elle-même, la
théorie qui nous est donnée est bien incapable,
entre le phénomène qu'elle considère (équilibre
de l'échange, prix d'équilibre, etc.) et les concomitants constants avec lesquels elle lie dans ses
équations ce phénomène, de nous démontrer si
le phénomène résulte de ces concomitants, ou
bien si ce sont ces concomitants qui résultent du
phénomène ; elle est bien incapable même de

---

1. M. Painlevé indique (p. xv, n. 1) que les efforts propres à
M. Pareto prêtent (en même temps qu'à des objections sur leur
portée explicative) à *des objections mathématiques*.

nous démontrer qu'il y a entre eux interdépendance (en dehors, bien entendu, d'un recours à une vérification expérimentale, dont elle se défend). Pour prendre encore une comparaison, cette économie mathématique nous paraît ressembler à une statique des corps solides, telle qu'elle aurait pu être établie dans un monde où aucun des corps à notre portée ne pourrait être déplacé : qui empêcherait que l'esprit humain eût, dans un tel monde, attribué la stabilité de ces corps, par exemple, à telles propriétés chimiques, ou à une composition moléculaire hypothétique, ou à tel ou tel autre phénomène constaté ou conçu ? Nul doute que l'ingéniosité mathématique aurait pu établir, entre ces phénomènes et celui de la stabilité, des relations quantitatives hypothétiques où le nombre des inconnues égalerait celui des équations, dont on nous dirait donc que, dans l'hypothèse faite, la solution est déterminée. Qu'est-ce que prouverait toute cette construction en l'air ? Et en quoi, même si elle était, en elle-même, logiquement et mathématiquement incritiquable, nous aiderait-elle (car il faut bien enfin revenir à ce « test » essentiel d'une connaissance à objet positif) à l'intelligence de la réalité à laquelle ses hypothèses s'appliquent ?

V. — ÉCONOMIE MATHÉMATIQUE ET RÉALITÉ SOCIOLOGIQUE

Ce n'est donc point, en définitive, — et nous

rejoignons ainsi, on le voit, notre point de départ, — d'arguments mathématiques que dépend ou peut dépendre la valeur de l'économie mathématique : c'est de preuves de fait ou de droit que les relations auxquelles elle donne une forme et applique un traitement mathématiques sont bien, en principe et au fond, *dans le sens de la réalité* qu'elles veulent nous permettre de comprendre, ou tout au moins de nous figurer, sous une forme intelligible. Or, arrivés à ce point, nous retrouvons la critique fondamentale que nous avons déjà opposée à l'économie traditionnelle en langage ordinaire et qui s'adresse pareillement à l'économie mathématique jusqu'ici, puisqu'elle implique le même postulat. C'est qu'en voulant expliquer les phénomènes économiques essentiels (de prix, de marché, d'échange, etc.) par des phénomènes élémentaires de psychologie individuelle, traités plus qualitativement par l'une, plus quantitativement par l'autre, l'une et l'autre vont à *contre-sens de la réalité,* parce que les phénomènes de psychologie individuelle sont, au vrai, dépendants et dérivés de ces phénomènes économiques essentiels que l'on veut expliquer ou déterminer par eux. Sans doute M. Marshall (I, p. 115) reconnaît que « de même qu'une cathédrale est quelque chose de plus que les pierres dont elle est faite…, de même la vie de la société est quelque chose de plus que la somme des vies des individus ». Mais, avec cette indétermination de pensée que nous trouvons être la caractéristique de cet auteur, il ajoute aussitôt : « Il est vrai que l'action du tout est formée de l'action de ses parties constituantes et que, dans la plupart des problèmes économiques, le meilleur point de départ se trouve dans les mobiles qui affectent l'individu, considéré non pas certes comme atome isolé, mais comme membre de quelque métier particulier ou de quelque groupe industriel » ; et il poursuit en reconnaissant à l'économiste le devoir d'étudier aussi « les mobiles se rattachant à l'appropriation collective des biens et à la poursuite collective de certains buts importants », ce qui est une toute autre question. S'il déclare (I, p. 116), que l'économiste « étudie les actions des individus, mais au point de vue de la vie sociale plutôt qu'à celui de la vie individuelle », cela veut dire simplement qu' « il ne se préoccupe que peu des particularités personnelles de tempérament et de caractère », qu'il considère un homme moyen (d'une classe, d'une nation, d'un pays, d'un certain métier), un homme ordinaire ; et cela ne va pas plus loin : la concession à une position sociologique des questions est toute apparente, et la pensée n'a pas pénétré dans la véritable distinction de l'individuel et du social, et encore moins du collectif (au sens seulement d'une sommation d'individuel) et du social proprement dit. Et la preuve en est que toute la théorie ultérieure ne

tire aucun profit de ces observations liminaires
et qu'elle nous montrera, par exemple, dans un
passage caractéristique, l'auteur ne voyant dans
« l'histoire de l'humanité » que « l'ensemble de
l'histoire des individus » et dans « la production
totale pour un marché général » que « le résultat
des motifs qui poussent les producteurs individuels à étendre ou à restreindre leur production »
(II, p. 159). Et quant à M. Pareto, s'il se détourne
aussi des particularités individuelles, ce n'est
que pour étudier une sorte d'individu courant,
moyen ; mais le problème même, il ne l'aperçoit
pas : « C'est une chose vaine que de rechercher
si les sentiments moraux ont une origine *individuelle* ou *sociale*. L'homme qui ne vit pas en
société est un homme extraordinaire qui nous
est à peu près, ou plutôt qui nous est entièrement inconnu, et la société distincte des individus est une abstraction qui ne répond à rien de
réel » (*Manuel*, II, § 83, p. 101).
Ce que nous concevons est tout différent, et
notre critique s'oppose donc à ces auteurs autant
qu'aux autres représentants de la tradition individualiste. Nous avons soutenu, plus haut, contre
M. Painlevé, que la notion de valeur économique était bien, encore que psychologique, une
notion essentiellement quantitative : mais, ce
phénomène psychologique surprenant, peut-être
unique de son espèce, — *une opinion qui est une
quantité,* — ne nous paraît, en tout cas, exister

comme tel que sous la forme sociale (et peut-être
par l'effet de son origine sociale). Dans la psychologie des individus, — et ici nous retrouvons
M. Painlevé dans sa juste critique des quantifi-
cations opérées par l'économie mathématique, —
le phénomène correspondant, dans la mesure où
il peut être conçu indépendant de toute action
sociale, serait phénomène de qualité : la quantification qu'il nous paraît revêtir, et qu'il revêt, en
effet, aujourd'hui dans nos esprits d'hommes
d'une société où la quantification sociale des valeurs a étendu son domaine à presque toutes
choses, n'est pas originelle et constitutive, mais
dérivée, et appliquée dans la conscience individuelle par un transport postérieur, et peut-être
illusoire, des propriétés du phénomène collectif
au phénomène individuel. Imaginons, fictive-
ment séparées, une conscience sociale et des con-
sciences individuelles : nous aurions, d'un côté,
dans la psychologie d'un groupe, d'une collectivité, d'une société, des appréciations objectives,
phénomènes quantitatifs, mesurables (elles-mêmes en relation, plus ou moins directe, avec des
quantités matérielles de choses physiques) ; de
l'autre, dans la psychologie des individus, des
sentiments, des préférences, phénomènes quali-
tatifs : on transfère inconsciemment de ceux-là à
ceux-ci la propriété d'être quantitatif, et l'on
pense ensuite expliquer les premiers par les se-
conds, ou même, sautant par-dessus cette quan-

tification sociale intermédiaire, on veut établir directement des relations fonctionnelles entre ceux-ci et les choses physiques en relation avec les premiers, accumulant ainsi pétition de principe sur cercle vicieux.

Il ne faut donc pas nous étonner que les théories de l'économie mathématique, telle qu'elle a été cultivée jusqu'ici, soient demeurées invérifiées : c'est qu'elles n'étaient pas vraies, et par conséquent pas vérifiables. Il est invérifié et invérifiable, que le prix de marché résulte des appréciations quantitatives des individus, parties à ce marché, parce que la vérité est que ces appréciations individuelles à forme quantitative, même si elles influent sur la formation du prix considéré, dérivent en réalité elles-mêmes d'un prix antérieur, qu'elles impliquent donc et qu'elles n'expliquent pas, et qui ne peut lui-même s'expliquer que par des phénomènes de même espèce que lui[1]. Jevons l'avoue inconsciemment dans l'analyse plus haut citée : « Supposons que le rapport d'échange soit approximativement celui de dix livres de blé à une livre de bœuf ». Mais ce rapport approximatif d'où part son raisonnement, n'est-il donc qu'un prix antérieur d'où partent et auquel se réfèrent les dispositions individuelles des deux échangistes ou corps

---

1. Cf. notre étude sur l'ouvrage de M. Alfred de Tarde, *Le juste prix*, dans *Année sociol.*, t. XI, p. 648-51.

échangistes par lesquelles il veut nous expliquer l'établissement d'un prix d'équilibre ? Et l'on pourrait montrer des implications de même sorte au départ de toutes les théories que nous critiquons. Si cela est vrai, il n'est pas étonnant, non plus, que l'économie mathématique soit restée inféconde : enfermée dans un cercle de corrélations statiques incomplètes, dont, de plus, elle intervertit le sens, elle ne peut, une fois ainsi engagée à faux, arriver aux relations dynamiques, dont les antécédences vraies, même telles que peut les apercevoir une analyse assez éloignée des faits, ne peuvent cadrer avec cette statique à l'envers.

Mais, si c'est bien là qu'il faut voir la raison du caractère à peu près purement négatif, comme le constate M. Painlevé, des résultats obtenus jusqu'ici par l'économie mathématique, cette impuissance ne nous apparaît désormais que relative et liée à une conception initiale inexacte des phénomènes à considérer par la science économique, et non plus constitutive et résultant de la nature même de ces phénomènes. Les mathématiques, dans cette science économique ainsi conçue, ont un grand rôle. Non seulement elles sont indispensables, comme tout le monde l'accorde, à l'étude de certains phénomènes spéciaux (assurances, etc.). Mais, au cœur même des théories essentielles, si la valeur est bien une grandeur mesurable et mesurée par le prix, les données à considérer seront des données numériques de masse : ce n'est pas seulement parce que les cas particuliers seraient trop complexes ou même susceptibles de réfléter de l'arbitraire ou du caprice individuel et que, comme l'indique M. Painlevé, la science ne peut s'attaquer qu'à des phénomènes d'ensemble où de telles influences sont inexistantes ou s'annulent ; c'est encore et plutôt, nous apparaît-il maintenant, parce que c'est le seul moyen d'atteindre d'abord les phénomènes collectifs qui sont la condition des phénomènes individuels. Et c'est en cela que la recherche ainsi conçue différerait profondément des vérifications ou études de faits conçues par nos économistes mathématiciens : celles-ci prenaient la forme statistique par nécessité de fait, parce que, pour ne pas s'égarer dans la particularité arbitraire, il faut bien s'attacher d'abord aux cas qui se répètent ; la recherche dans le sens que nous indiquons, au contraire, prend la forme statistique par nécessité de droit, parce que c'est le moyen d'atteindre aux phénomènes premiers, explicateurs des autres. Ce ne sont pas seulement les phénomènes de valeur économique, en eux-mêmes, qui sont objets d'étude mathématique, encore que les interrelations des diverses catégories, des diverses espèces qui s'y distinguent, offrent déjà à cette étude un vaste champ : souvent aussi les phénomènes d'autre sorte avec lesquels ils soutiennent des relations (de condition ou de cause), sont eux-mêmes quantitatifs de nature, et sont également à prendre en données de masse. Or l'élaboration et le traitement de ces données numériques de masse peuvent bien ne comporter que des opérations assez simples au début de la recherche, pour le simple dégrossissement des questions, — stade que nous n'avons guère dépassé, — et tant que les renseignements élémentaires sont, de nature et de quantité, fort imparfaits encore ; mais, à mesure que la théorie ira progressant et disposera de matériaux plus abondants et meilleurs, cette élaboration et ce traitement réclameront des procédés mathématiques plus avancés, dont la mise au point n'est peut-être pas encore accomplie. Il y a donc là tout un vaste domaine ouvert à l'application des mathématiques en science économique, qu'à cette heure on peut dire n'être pas même entièrement défriché, où les mathématiques sont l'instrument indispensable du travail théorique concevable. M. Painlevé, en ne laissant à l'économie mathématique, telle qu'elle a été pratiquée jusqu'ici, que des perspectives bien pauvres et ingrates, aura sans doute contribué à tourner désormais les économistes vers cette utilisation des mathématiques en économie, qui sera à la fois plus positive et plus féconde.

VI

LE PROBLÈME DE LA CLASSIFICATION [1]

Bien classer les matières à étudier par une science n'est pas seulement, — est-il besoin de le développer ? — d'un intérêt didactique pour l'exposition des résultats acquis par elle : c'est, pour le travail même d'élaboration de cette science, une très importante condition de progrès. Une classification « selon la nature des choses », si elle peut être obtenue, n'est pas assurément le terme ni même l'objet propre de la science, qui est d'expliquer : mais, justement pour cette recherche même de l'explication, elle donne, en même temps qu'une vue juste de l'ensemble et de ses parties, utile même à l'étude limitée, une présomption des dépendances dont il faut s'inquiéter, elle éclaire l'une par l'autre les recherches sur des objets

---

1. Cette étude est inédite sous la forme présente. Nous avons seulement publié déjà sur l'ouvrage de M. Polier une analyse et critique sommaire en deux pages (*Année sociologique*, t. XI, 1910) (p. 545-47).

dont la nature, sous des apparences peut-être diverses, est en réalité voisine, elle économise l'effort et le guide, elle indique les analogies ou les oppositions qui peuvent varier ou contrôler l'expérience, elle met sur la voie des rapports réels et des généralisations croissantes bien fondées. Nous pensons même pouvoir montrer (dans un prochain ouvrage) qu'ici une classification assez élaborée *suffit* à conduire aux explications cherchées.

En raison donc de l'importance du problème, nous avons déjà, à plusieurs reprises, examiné avec assez de détail et critiqué les classifications rencontrées dans un certain nombre de traités et d'ouvrages généraux d'économie politique les plus récents et les plus qualifiés[1]. En même temps, d'un volume de l'*Année sociologique* à l'autre, un effort positif a été tenté et poursuivi pour constituer, — dans la mesure où il était possible de le faire à propos et au moyen des ouvrages recensés, et, par suite, à titre d'indication plus que de réalisation, — des cadres nou-

---

1. Cf. notamment *Année sociologique*, t. IV, 1901, p. 477-496, C. R. de Nicholson, *Principles of political economy*, Marshall, *Elements of economics of industry*, Schmoller, *Grundriss der allgemeinen Volkswirtschaftslehre*, 1ter Teil ; — VI, 1903, p. 473-78, dans C. R. de Sombart, *Der moderne Kapitalismus* ; — VIII, 1905, p. 514-20, C. R. de Schmoller, *Grundriss*, 2ter Teil et ensemble de l'œuvre ; dans le C. R. de Bourguin, *Les systèmes socialistes et l'évolution économique*, p. 524-26, — XI, 1910, p. 548-51, C. R. de Landry, *Manuel d'économique*.

veaux où distribuer la matière dont l'étude paraît ressortir à la science économique ; et à plusieurs reprises aussi, soit par discussion d'autres tentatives soit par développement propre, nous avons éprouvé, rectifié, complété ces cadres[1]. Le moment ne nous paraît cependant pas encore venu, et, du reste, nous n'aurions pas ici la place, d'en présenter un exposé systématique complet. Mais nous trouvons une occasion tout à la fois de reprendre une vue générale sommaire de cette classification et d'en préciser et compléter certaines parties, en faisant un examen un peu détaillé d'un cours récent d'économie politique[2] où l'auteur, s'étant spécialement appliqué à établir un plan nouveau, s'est, pour une part, directement inspiré d'elle.

I. — ESQUISSE DE LA CLASSIFICATION
PROGRESSIVEMENT PRÉSENTÉE DANS L'*ANNÉE SOCIOLOGIQUE*

Toutefois pour rendre cet examen intelligible ici, il nous semble utile de rappeler préalable-

1. Cf. les références ci-dessous indiquées dans la Sect. 1 ; et plusieurs des C. R. cités à la note précédente ; spécialement le C. R. de Sombart, *Der moderne Kapitalismus*, dans *Ann. soc.*, VI, p. 473-78, 478-81 ; — C. R. de Gide, *Économie sociale*, dans *Année soc.*, IX, p. 517-22.

2. Léon Polier, *Cours d'économie politique*, 1re année de licence en droit, 2e année de licence en droit. Toulouse, Imp. Sirven, 1909 et 1910, 2 vol. autographiés.

ment, en un bref résumé, — et sans vouloir en exposer les raisons non plus qu'en montrer les avantages et les applications, — les traits principaux de cette classification. — Nous concevons, d'abord, une étude générale introductive des *systèmes économiques*, en entendant par ce terme « l'ensemble des relations et institutions qui caractérise l'économie d'une société[1] » (par exemple, les grands types : économie sans échange, économie de l'échange immédiat, économie de l'échange médiat, etc., si l'on prend comme caractère dominateur de la classification le rapport de la production à la consommation). C'est à cette étude que nous paraît se rattacher celle des crises[2].

Ensuite, nous distinguons deux grandes catégories, et deux seulement, de phénomènes économiques : *Production* (au sens large, embrassant tout le processus de création des valeurs économiques, comprenant non seulement la part industrielle, mais aussi la part commerciale de ce processus), et *Répartition* ou *disposition* (embrassant tout le processus de disposition ou d'emploi des valeurs économiques, comprenant non seulement l'attribution, mais aussi l'usage, de consommation ou autre, qui est fait de ces valeurs). L'étude de ces deux grandes parties

1. *Année sociol.*, t. IV, p. 5o3, V, p. 48o.
2. *Année sociol.*, V, p. 58o, VII, p. 58o-58a.

nous paraît pouvoir se constituer symétriquement. Dans chacune des deux peuvent se considérer, d'une part, ce qu'on pourrait appeler les institutions (en un sens spécial du mot), d'autre part, ce qu'on pourrait appeler les notions ou représentations, ou phénomènes proprement fonctionnels. Dans chacune des deux parties encore, les institutions peuvent se considérer à un triple point de vue, spécifique, organique, morphologique.

Nous aurons donc, du côté de la production, les chefs d'étude suivants : *Espèces de la production*[1] (phénomènes de spécification de la production, depuis la grande division en agriculture, commerce et industrie, jusqu'aux distinctions, ou agrégations, des industries détachées, ou rapprochées, les unes des autres, ou bien des produits respectivement traités par les différentes unités productives) ; *Régimes de la production*[2] (« institutions de la production économique définies et classées selon les relations juridiques ou économiques qui les caractérisent ») ; *Formes de la production*[2] (« institutions de la production définies et classées, selon les relations technologiques ou morphologiques qui les caractérisent »), pour les institutions, d'une part ; — et d'autre part, pour les notions, les phénomènes de *Valeur* du

---

1. *Année sociol.*, X, p. 555.
2. *Année sociol.*, IV, p. 514, V, p. 492.

côté de la production, *prix et éléments du prix, monnaie*, phénomènes dont, pour le moment, nous n'analyserons pas davantage l'étude (pour la monnaie notamment, cette place n'est peut-être pas définitive ou exclusive).

Du côté de la répartition ou disposition, nous aurons les chefs d'étude suivants : *Classes économiques* (de répartition : suivant le statut social ; ou suivant l'état de fortune, riches, pauvres, etc. ; ou suivant la fonction économique, classe patronale, classe ouvrière, classe rentière, etc.); *Organes de la répartition*[1] (institutions de la répartition définies selon les caractères économiques ou juridiques : — liées à la fonction économique des individus, p. ex., syndicats ouvriers, institutions dites patronales, institutions législatives dites de protection ouvrière, etc. ; — non liées à la fonction économique, p. ex., institutions caritatives, bienfaisance, assistance, institutions de self help, mutualité, épargne, assurances, etc.); *Morphologie de la répartition*[2] (phénomènes de localisation des individus concernés par la répartition économique, de concentration ou de dispersion, de migration, saisonnière ou autre, etc.), pour les institutions, d'une part ; — et d'autre part, pour les notions, les phénomènes

---

1. *Année sociol.*, VIII, p. 567, et tomes suivants, sect. correspondante.

2. Cette section nouvelle n'a pas encore été constituée dans les volumes parus de l'*Année sociologique*.

de valeur du côté de la répartition, *Éléments de la répartition* (patrimoines ; revenus, salaire, intérêt, rente, etc.), dont, pour le moment, nous n'analyserons pas non plus davantage l'étude.

Avec cette étude des phénomènes économiques pris en eux-mêmes et ainsi analysés, la tâche de la science économique n'est pas épuisée : elle doit encore se préoccuper des *Relations entre les phénomènes économiques et les phénomènes sociaux d'autre catégorie*[1] (religieux, juridiques, morphologiques) : c'est dans ce cadre que nous plaçons spécialement l'importante étude de l'*Action politique sur la vie économique*[2], comprenant, notamment, d'une part, la Législation et politique du commerce international, d'autre part, la Législation dite ouvrière ou sociale.

Enfin, si l'étude par catégories de phénomènes, prévue dans la classification précédente, doit sans doute avoir la prééminence et conduire aux résultats les plus intéressants, il y a lieu cependant de prévoir aussi des études subsidiaires de l'ensemble de ces phénomènes considéré dans un groupe spécifique ou autre : ce sont ces études que nous rangerons sous la rubrique *Économies spéciales*[3] (p. ex. économie agraire spéciale, éco-

---

1. *Année sociol.*, XI, p. 711.

2. Sur le sens et la justification de cette section ainsi constituée, v. *Année sociol.*, VI, p. 521-23.

3. Cf. *Année sociol.*, IV, p. 557 et vol. suiv. ; — sur la distinction, VI, p. 521-23, etc.

nomie commerciale, etc.) dont nous ne détaillerons pas davantage la composition possible.

Cette esquisse rapide et toute schématique n'a pas prétendu, répétons-le, et serait bien insuffisante, à être une justification du classement ainsi proposé ; elle s'est abstenue également de donner même un exemple des services qu'il paraît avoir déjà rendus ou pouvoir rendre ; mais elle suffit à son objet, c'est-à-dire à permettre de suivre l'examen détaillé que nous allons faire, par comparaison, du plan adopté par M. P.

II. — PLAN D'UN COURS PARTIELLEMENT INSPIRÉ DE CETTE CLASSIFICATION

Comme introduction à son cours[1], M. Polier, après avoir brièvement indiqué l'objet et la méthode de l'économie politique (T. I, p. 1-18), fait une histoire, à la vérité assez rapide, de l'écono-

---

1. Il n'est que juste de noter que l'auteur ne le donne sans doute pas, sous la forme présente, comme un travail arrêté : c'est une rédaction autographiée d'un cours, destinée avant tout à en faciliter l'étude par les étudiants auxquels il était destiné ; — et que d'autre part, ce cours étant fait pour l'enseignement d'une matière de l'examen de licence en droit, dont le programme se trouve, malgré l'initiative laissée au professeur, être tout de même assez déterminé soit par les règlements soit par la tradition, il n'était pas entièrement libre du choix, de la position, ni même peut-être de la répartition des questions à y admettre et à y traiter. On fera de ces circonstances toute la part qui convient.

mie politique, des origines jusqu'aux écoles actuelles (p. 19-88). Dans un livre premier, consacré aux Notions générales (p. 89-164), il étudie d'abord le milieu économique (titre I) : l'homme, la nature, le droit ; puis les concepts élémentaires (titre II) : la richesse et les services, la valeur et l'utilité. Il discute, alors, de la classification des phénomènes économiques (titre III) et traite dans un titre IV des systèmes d'organisation économique (au sens où nous avons employé ici le terme de systèmes économiques), systèmes de l'économie domestique, de l'économie nationale, de l'économie mondiale.

Au lieu des quatre parties traditionnelles, M. P., faisant rentrer la circulation dans la production *lato sensu,* et éliminant de l'économique la consommation proprement dite, ne distingue ensuite (comme nous le faisons aussi) que deux grandes sections, production, répartition, qui font l'objet des livres II et III du cours. — Le livre II est de beaucoup le plus étendu (il occupe plus de la moitié du premier volume et une plus forte part encore du second) et, disons-le tout de suite, le plus élaboré. Une première partie de ce livre présente une *Théorie générale de la production* (t. I, p. 166-277), une seconde étudie les espèces de la production (t. I, p. 278-399) ; une troisième, l'échange (t. II, p. 1-272). La première partie se divise en deux sections : organisation de la production, fonctionnement de la production. — Dans la section *organisation de la production* (I, p. 166-261), M. P., après avoir traité, comme font les cours classiques, des facteurs de la production, nature, travail, capital, rompt alors avec le cadre traditionnel pour étudier : — d'abord, les « Formes de la production en général », et sous cette rubrique se rangent des chapitres sur l'union du travail, l'association, la division du travail, la petite et la grande production ; — puis les « Régimes de la production en général », qu'il distingue en : Régimes des biens (régimes de la propriété collective, archaïque, contemporaine ; et régimes de la propriété individuelle, production autonome, production patronale, sociétés, production coopérative) ; Régimes des personnes (régimes de contrainte, esclavage, castes, corporation ; et régimes de liberté, de la liberté formelle, de la liberté organisée) ; Régimes des exploitations (régimes de privilèges légaux, régime corporatif, régimes actuels de privilège ; et régimes de liberté, régime de la libre concurrence, régime des ententes entre producteurs, cartels et trusts). — Dans la section *fonctionnement de la production* (I, p. 264-277), M. P. étudie : les « moteurs de la production » (production pour le profit, entreprise ; famille, État ou commune, comme « centres moteurs de la production ») ; et « l'équilibre de la production et de la consommation » (action régulatrice de la libre concurrence, mécanisme des prix, défauts de la libre concurrence); et il conclut par une vue générale sur « la physionomie moderne de la production » (capitalisme, concentration, et critique de ces notions).

Dans la deuxième partie du même livre, sous le titre *Les espèces de la production*, l'auteur prend successivement les trois grandes branches de la production, industrie, agriculture, commerce, en étudiant pour chacune les Formes et les Régimes qui lui sont propres. — A. *Industrie* (I, p. 280-352). Les Formes qui lui paraissent appartenir à l'industrie sont considérées : d'abord dans leur évolution historique (industrie domestique, travail loué, métier, industrie à domicile salariée, manufacture, machino-facture..,) ; puis dans leur état et leur importance actuelle (métier, industrie à domicile salariée, concentration ; statistiques). Comme Régimes de l'industrie sont étudiés : régimes des biens, la coopérative de production ; régimes des exploitations, les cartels et les trusts, les exploitations publiques, d'État et municipales ; régimes des personnes, les salariés à domicile, les ouvriers des fabriques et ateliers (la machine et l'ouvrier, contrat de travail, modalités et législation du salaire, syndicats, grèves, contrat collectif...). — B. *Agriculture* (I, p. 353-382). L'étude des Formes de l'agriculture se compose de remarques sommaires sur l'évolution de la technique agricole (machinisme, loi du rendement moins que proportionnel), la division du travail au point de vue agricole, la grande et la petite culture. Comme Régimes de l'agriculture sont passés en revue : les régimes des biens, propriété agricole collective, propriété agricole individuelle (évolution, de la propriété féodale au système Torrens ; grande et petite propriété, Rentengüter, homestead ; modes d'exploitation, faire valoir direct, fermage, métayage) ; puis les régimes des exploitations (coopératives agricoles, syndicats agricoles, sociétés de vente, essais de cartels...) ; et fort brièvement les régimes des personnes (condition juridique des salariés agricoles). — C. Le *commerce* est encore traité plus rapidement (I, p. 383-94) : Formes du commerce, dans leur évolution historique (commerce ambulant, commerce sédentaire), et dans leur état actuel (détail, petit commerce, concentration) ; Régimes du commerce (la libre concurrence et ses excès ; coopératives de consommation). — Une section D intitulée *l'outillage national* est simplement esquissée (travaux publics, voies de communication, marine marchande).

Avec la troisième partie du livre de la Production, intitulée *L'échange,* nous retrouvons les questions classiques que les traités traditionnels rangent sous cette rubrique, et étudiées à peu près aussi de la façon traditionnelle, et relativement avec abondance : à elle seule, cette partie, dans la rédaction actuelle (t. II, p. 1-272), occupe plus de place que les deux premières. La monnaie (notions générales et historiques, étude théorique, systèmes monétaires, politique monétaire) ; — le crédit, notions générales et historiques (définition et fonctions, les titres de crédit, histoire), organisation et opérations de banques (banques de dépôts, banques d'émission et de circulation, crédit foncier et crédit agricole) ;— les prix (théorie générale de la détermination des prix, les prix et l'équilibre économique, la spéculation) ; — l'échange international, équilibre des échanges internationaux (le change, l'équilibre des changes, théories du libre échange et de la production), politique commerciale (histoire, technique du protectionnisme, développement du commerce international) : — on le voit, c'est, dans les grandes lignes, le groupement ordinaire des matières que l'on réunit sous la rubrique Échange ; et c'est surtout dans le détail, ici, qu'est perceptible un effort pour un ordre meilleur.

Le livre troisième, consacré à la *Répartition* est, dans la rédaction actuelle, très peu développé (t. II, p. 273-385). Il comprend trois titres : Les *éléments de la répartition*, les *institutions de la répartition*, les *résultats de la répartition*. Le premier (p. 277-341) se divise en deux sections : théorie du prix des services (salaire ; intérêt); théorie des rentes (rente foncière ; profit). Le second (p. 341-73) étudie comme institutions de la répartition : la propriété, le salariat, les assurances. Le dernier (p. 374-85) traite brièvement de l'état actuel des revenus, et des patrimoines, et de leurs mouvements. — On apercevra ici plusieurs innovations dans le choix et le rangement des matières : mais elles sont esquissées plus qu'entièrement accomplies, et cette partie attend sans doute une élaboration nouvelle.

III. — DISCUSSION DU PLAN PRÉCÉDENT

Il n'entre pas dans notre objet présent d'examiner ce cours quant au fond. Tout au plus, et pour fixer la valeur que nous attribuons au fait même de la classification, remarquerons-nous que l'esprit général de l'œuvre n'est, à notre avis, pas assez *positif,* et n'est pas non plus proprement *sociologique,* et que cet esprit général nous paraît importer à la constitution d'une économique nouvelle autant et même plus que le seul classement des matières. Mais, cela noté, c'est à ce dernier problème que nous voulons ici nous attacher.

Est-il besoin de dire, en commençant, que nous n'avons jamais eu la pédanterie de considérer comme intangibles les éléments de classification que nous avons présentés et tels que nous les avons présentés ? Nous réservant nous-mêmes de les modifier, de les compléter, à mesure que nous en poursuivrons de plus près l'application ou que nous entrercns plus avant dans certains domaines, nous ne pouvons que nous féliciter de les voir repris, transformés, — et du reste alliés à des éléments d'autre origine, — par un travail indépendant d'élaboration didactique, qui servira à les éprouver mieux. Mais, justement, pour contribuer à cette épreuve progressive, et pour éviter, de plus, tout malentendu, il peut être utile de fixer les positions à chaque moment ; et cette systématisation intégrale nous offre une facilité que nous voulons mettre à profit de préciser brièvement les nôtres en les indiquant simplement par différence avec elle.

1º Et d'abord, nous avons toujours conçu que l'étude scientifique d'une institution (au sens large) ou d'un phénomène, ne se bornait pas, bien entendu, à une *définition et description* de cette institution ou de ce phénomène, mais encore comprenait non seulement une *étude génétique,* mais aussi, — et peut-être même autant, — une *étude fonctionnelle.* Nous concevons donc qu'un exposé didactique complet doit, pour chacune de nos rubriques, traiter ces trois points ; convient-il de les traiter successivement sous chaque institution, ou au contraire de faire d'abord toute l'étude génétique de toutes les institutions, puis toute l'étude fonctionnelle ? Cette question d'arrangement interne peut se discuter et d'ailleurs, suivant les cas, se résoudre diversement (de même que, dans les traités biologiques, l'anatomie et la physiologie peuvent former deux grandes parties distinctes, dont chacune considère successivement tous les organes ou les systèmes, ou, au contraire, être traitées chaque fois, à la suite l'une de l'autre, dans l'étude successive des différents organes ou différents systèmes). Mais l'important est que chacune de ces études essentielles soit faite : or, dans le cours que nous examinons, l'étude fonctionnelle manque presque toujours (elle n'est guère esquissée que pour l'ensemble de la production ; dans le reste, ce qui la remplace, ce sont des considérations à caractère finaliste ; et encore ne s'en trouve-t-il pas toujours) ; et l'étude génétique elle-même manque assez souvent. Il est vrai que celle-ci et surtout celle-là peuvent ne pas se trouver faites dans les travaux existants ; et l'on ne peut évidemment pas demander à l'auteur d'un cours d'ensemble de faire toutes les études originales qui seraient désirables pour en bien fonder toutes les parties ; mais cette raison ne vaut pas partout où nous constatons cette absence, et en tout cas un procès-verbal explicite de carence aurait été d'une réelle utilité, scientifique et pédagogique.

2° Avec M. P., nous ne voyons que deux grandes parties à faire : production, répartition. Mais il nous semble que, dans son exposé, l'*Échange*, traité à part, avec le développement que nous avons remarqué, et comprenant toutes les questions traitées traditionnellement sous ce vocable, n'a disparu comme partie distincte qu'en apparence : au lieu de s'appeler troisième partie du livre II, il pourrait à peu près tout aussi bien s'ériger en livre III. Pour nous, éliminer l'échange comme partie distincte veut dire dissocier l'assemblage hétéroclite réuni sous cette rubrique : intégrer plus étroitement dans la théorie de la production, dont elle est l'aboutissement essentiel, la théorie du prix, des éléments du prix, et de la représentation des valeurs en monnaie ; placer dans l'étude des espèces de la production celle de cette catégorie spécifique qu'est, à côté d'autres, la banque ; réunir, à l'étude de l'action de l'État sur la vie économique (ou plus généralement, si l'on veut, à l'étude des conditions juridiques ou légales de la vie économique) tous les phénomènes dont cette action est la caractéristique principale, c'est-à-dire notamment la question du libre-échange et de la protection ; enfin, renvoyer à des sections convenables d'économies spéciales toute la technique de détail (en matière de monnaie, d'opération de banques, de grand commerce d'importation et d'exportation, etc.). — D'autre part, notre distribution des matières entre la *Production* et la *Répartition* ne serait pas toujours la même : par exemple les phénomènes de l'épargne, et surtout l'institution des caisses d'épargne, nous paraissent ressortir incontestablement à la répartition (emploi du revenu, organes de la répartition) : même si l'épargne est l'origine du « capital », l'origine des éléments considérés dans l'étude de la production n'est pas forcément, — ce n'en est pas le seul exemple, — phénomène de production, et ne revient donc pas forcément à cette étude. Nous signalerons encore, plus bas, à propos des régimes de la production, une différence plus grave. De façon générale, la partie de la Répartition nous apparaît, dans l'exposé que nous examinons, encore peu constituée ; et sans doute les matériaux sont ici peut-être moins nombreux ou moins prêts ; et peut-être aussi cette élaboration insuffisante n'est-elle que provisoire et sera t-elle améliorée dans une refonte ultérieure du cours ; malgré tout, nous croyons que cette indigence relative tient, pour une forte part, à ce que l'auteur n'a pas attribué à cette étude de la répartition tout ce que nous y donnons comme matière, et qui est dès maintenant accessible dans des travaux et documents existants, d'où l'on pourrait, sans trop de peine, en tirer en tout cas une étude descriptive et assez souvent même une étude génétique.

3° Dans la partie du cours de M. P., intitulée les *Espèces de la production*, nous ne trouvons à peu près rien de l'objet que nous donnons ici à cette section : étudier successivement les formes et les régimes de la production dans l'industrie, dans l'agriculture, dans le commerce, ce n'est en aucune façon étudier la spécification de la production, c'est-à-dire tout cet ordre de faits bien caractérisé qui consiste en ce que les unités productrices (individus, firmes ou établissements, etc., suivant le régime et la forme de production), sont spécialisées à une part de la production, à une *espèce* ou de matières, ou de moyens ou procédés de production, ou de produits; ce n'est même pas étudier en elle-même cette première grande spécification en agriculture, industrie et commerce qui, dans sa généralité, dans son rôle, dans ses conséquences, est un phénomène si remarquable. Et cependant l'étude est très faisable : d'abord, en tout cas, l'étude de définition et de description (définition et état des différentes branches de la production, des différents groupes d'industries, des diverses industries, etc., caractérisé notamment par le nombre des individus y occupés ou en dépendant, par l'importance des produits, etc., étude de la répartition des industries, etc.) ; il ne manquerait même pas de travaux utilisables pour une étude génétique (origine et évolution de cette spécification, processus de dissociation, processus inverse d'intégration, etc. : M. P. touche bien à ces phénomènes, mais sous la rubrique Formes de la production, par exemple, I, p. 201, 204, 222, p. 384, 386, et en les mêlant et peut-être même les confondant avec divers phénomènes d'organisation du processus productif, de spécialisation professionnelle des ouvriers, ou de décomposition des opérations de la production, par exemple, qui en sont bien distincts); et peut-être même pourraient dès maintenant se dessiner quelques considérations fonctionnelles. — Cette étude est d'ailleurs distincte de celle des économies spéciales (qui, dans notre conception, est l'étude, dans une branche de production, dans une catégorie d'industries, dans une industrie, des phénomènes économiques de diverses sortes propres à cette branche, à ce groupe ou à cette industrie, ou considérés particulièrement en elles, et non simplement l'étude des phénomènes de spécification).

4° La distinction entre les *Formes* et les *Régimes de la production* tient une place considérable, dominante même, dans la théorie de la production qui nous est ici présentée (l'échange mis à part). C'est la part du cours qui, nous l'avons déjà noté, nous paraît la plus élaborée et apporte le plus d'innovation. Devons-nous dire tout de suite que cette place nous paraît même un peu disproportionnée à l'importance et, en tout cas, au rôle que nous attribuons, pour notre part, à cette distinction ? Mais personne ne se plaindra, certes, de ce grand effort d'utilisation et de mise au point qui apportera une importante contribution à la refonte des classifications additionnelles. Voici brièvement les remarques qu'il nous a suggérées.

a) M. P. distingue et sépare une étude générale

de ces Formes et de ces Régimes et une étude spéciale des unes et des autres dans l'industrie, dans l'agriculture, dans le commerce : nous concevrions plus volontiers une étude unique, — par exemple, de la grande et de la petite production, par exemple de la production patronale, ou de la coopération, — traitant, d'abord, de l'institution en général, caractérisée dans son essence, et ensuite, *s'il y a lieu*, spécifiant les particularités qu'elle revêt dans l'industrie, l'agriculture ou le commerce, ou l'application qu'elle trouve seulement ou surtout dans l'une de ces branches ; s'il y a lieu, disons-nous : en effet le travail même de M. P. nous paraît montrer qu'avec son rangement la partie commune ne reçoit plus guère que des généralités assez vagues, ou bien que des phénomènes (tels la division du travail) qui demanderaient à être analysés et dissociés, et que, dans la partie spéciale, cette distribution tripartite ne se montre pas toujours justifiée (la coopérative *dite* de consommation n'est pas seulement institution de commerce ; le régime de la production artisane n'est pas essentiellement distinct de celui du petit producteur agricole), amène des répétitions (il est traité en trois endroits différents, I, p. 238, 311, 381, des cartels, en deux, I, p. 258, 317, des trusts), ou bien que le cadre symétrique, mais distinct, tracé à ces trois sections, reste parfois à peine rempli, sinon vide.

b) La Forme de production nous paraît à définir exclusivement par des caractères morphologiques ou technologiques : c'est là le fondement et l'intérêt même de la distinction faite entre elles et les Régimes de la production, à définir, eux, exclusivement par des caractères juridiques *ou* économiques. M. P. nous semble, en plusieurs endroits, mêler à la définition de formes de la production des caractères proprement économiques (I, p. 219, notion de fonction patronale différenciée, notion de production pour un marché, p. 282, définition du métier, etc.); et il nous semble, d'autre part, se priver d'un élément essentiel de différenciation et de définition des régimes de la production en ne retenant pour les caractériser que des éléments juridiques et écartant des éléments proprement économiques.

c) Entre les Régimes de la production, M. P. fait une distinction d'aspect ingénieux : régimes des biens, régimes des exploitations, régimes des personnes ; on a vu plus haut quelles institutions il classe dans chacune de ces catégories. Pour nous, la propriété n'est, par elle-même, pas plus une institution de la production que de la répartition (et la preuve en est fournie par M. P. lui-même qui retrouve et réétudie la propriété dans les institutions de la répartition); en réalité, elle est une forme juridique générale appliquée ou applicable dans toute la vie économique et nous paraît à étudier, avec d'autres phénomènes du même ordre (par exemple, le principe dit de la liberté du commerce et de l'industrie) dans une section qu'on pourrait intituler « conditions juridiques » ou plus généralement encore « conditions non économiques de la vie économique ». La propriété retirée, nous n'apercevons plus bien l'intérêt ni même le sens d'une distinction entre des « régimes des biens » et des « régimes des exploitations » : pourquoi, par exemple, la coopération, classée régime des biens en général (I, p. 236) et dans l'industrie (p. 307), devient-elle dans l'agriculture un régime des exploitations (p. 378) et dans le commerce un régime sans distinction (p. 391), etc. ? Quant à l'autre distinction, si l'étude de la condition des ouvriers, des modalités du salaire, des syndicats ouvriers, etc., placée par M. P. sous la rubrique régime des personnes des régimes de la production, ne ressortit pas essentiellement à la répartition, nous ne savons pas ce qui pourra vraiment constituer les phénomènes de répartition opposés à ceux de production (aussi n'est-il pas étonnant, après cela, que la partie de la répartition dans ce cours apparaisse indigente, malgré qu'il soit bien obligé d'y traiter à nouveau du salaire, du salariat, — en y plaçant du reste la participation aux bénéfices qui, pour nous, est plutôt un régime de la production). Nous ne contestons pas, bien entendu, que les phénomènes et institutions de la répartition aient une influence dans la production, et inversement les phénomènes et institutions de la production une influence dans la répartition ; nous disons seulement que, si l'on distingue ces deux sections et si l'on ne veut pas dans la première déjà traiter de la seconde, il faut s'y limiter aux phénomènes proprement dits et immédiats de production : or, dans la catégorie des phénomènes en question, il n'en est qu'un qui soit tel, et ce n'est pas à proprement parler le salaire, mais le coût de la main-d'œuvre, comme élément du coût de revient, et justement il n'en est pas traité ici. Cette catégorie retranchée des régimes de la production, nous ne voyons plus bien, cette fois encore, l'intérêt ni le sens de la distinction entre « régimes des personnes » et « régimes des biens ou des exploitations » : en quoi la coopération, le patronat, est-il plus exclusivement un régime des biens (ou des exploitations) que la corporation un régime des personnes (et en fait, du reste, la corporation figure successivement comme régime des personnes, p. 242, et comme régime des exploitations, p. 252) ? Tout régime d'une production où il y a une ou des choses objets de production, un ou des agents humains de la production et un processus productif, implique à la fois des droits sur des choses, des droits de personnes ou à l'égard de personnes, et des droits de faire ou de ne pas faire : tout régime d'une telle production est donc à la fois régime des biens, régime des personnes et régime d'exploitation. En fait, du reste, chez M. P. même, toute cette distinction disparaît dans les régimes du commerce : était-elle donc essentielle ?

On voit, par ce long examen, combien de questions nous paraît poser le travail de M. P. Cela suffira, croyons-nous, à montrer tout l'intérêt que, même pour la constitution et l'orientation des théories et des recherches, il convient d'apporter à l'étude de la classification[1].

1. Nous ajouterons seulement à celles des notes précédentes les quelques références suivantes : Bouglé, *Qu'est-ce que la sociologie ?* (Paris, Alcan), p. 167-168 ; nos observations sur *La classification d'une bibliographie d'histoire économique*, et discussion avec M. Georges Espinas, dans *Notes critiques* (Sciences sociales), mars et mai-juin 1906, p. 65-70 et 133-138 ; Hubert Bourgin, *Note sur la morphologie économique et les monographies d'industrie*, dans *Année sociol.*, X, p. 578-586.

VII

LA MÉTHODE POSITIVE EN SCIENCE ÉCONOMIQUE[1]

Le sujet qu'indique ce titre appellerait, pour être traité dans sa plénitude, un développement que le cadre de cette communication m'interdit. Je me propose donc de vous soumettre ici, sous une forme résumée, les thèses directrices qu'une présentation critique de cette méthode me paraît devoir comporter ; et, pour un exposé moins schématique des arguments, des preuves ou des exemples, je vous demanderai la permission de me référer soit aux indications plus détaillées que j'ai pu donner autre part, notamment dans mes études critiques de l'*Année sociologique,* soit à des contributions plus explicites que je compte apporter dans des travaux ultérieurs. Il va sans dire que, dans un pareil résumé, je ne puis suivre un à un les divers auteurs, étudier une à une

---

1. Communication au 3ᵉ Congrès international de philosophie, Heidelberg, 1908. *Revue de métaphysique et de morale,* novembre 1908.

les diverses écoles ou les divers groupes, pour indiquer et examiner les particularités de leurs positions respectives : tous les auteurs, ni tous les groupes n'ont pas tous les caractères qui vont être ici relevés ; pour une étude à la fois générale et condensée, il était nécessaire d'accuser et de coordonner les traits essentiels d'une façon à la fois impersonnelle et systématique. Il pourra paraître aussi que, tel quel, le présent travail est surtout négatif ; mais, comme les positions qui vont y être critiquées sont celles auxquelles sont encore accoutumés la plupart des esprits, il est peut-être plus sûr, pour donner rapidement une idée de la méthode que nous voulons présenter, de la définir « a contrario » par différence avec ces positions connues que directement en ellemême.

Je pars d'un postulat, de l'unique postulat que *la science économique a pour objet de connaître et d'expliquer la réalité économique*. Cette simple proposition, qui en elle-même peut, au premier abord, paraître un truisme, aboutit en réalité, si toutes les conséquences en sont tirées, à exclure de la science économique proprement dite, soit pour une raison, soit pour une autre, soit pour plusieurs raisons à la fois, la majorité, sinon la plupart, des travaux, théories et systèmes qui à l'heure actuelle se réclament d'elle et prétendent à la constituer. Elle vaut donc la peine qu'on s'y arrête et qu'on ne l'accepte pas sans en avoir au moins aperçu la portée.

I. — L'ÉLIMINATION DU FINALISME

Si la science économique a pour objet de connaître et d'expliquer la réalité économique, elle n'a pas pour objet de construire un idéal économique ou de déterminer une pratique économique, même rationnelle : ces deux derniers objets sont assurément objets de recherche légitime, de recherche utile, importante, indispensable même peut-être, mais ils sont proprement les objets d'une discipline normative et d'une discipline pratique (art ou science appliquée) qui sont à distinguer nettement de la science proprement dite. Or, ouvrez n'importe lequel des manuels ou traités d'économie politique actuellement existants, ouvrez tel ou tel des livres économiques les plus qualifiés dans la littérature actuelle, feuilletez-les pour y voir la nature des questions posées et la façon dont les sujets sont étudiés. Vous verrez rechercher les avantages ou les inconvénients de telle institution ou de tel phénomène (par exemple, avantages et inconvénients de la division du travail), exposer l'utilité ou la nocivité de telle autre (exemple : utilité des syndicats, utilité ou nocivité des trusts, etc.) ; vous verrez juger et apprécier, trouver heureux ou malheureux, désirable ou regrettable, tel ou tel fait, tel ou tel mode d'activité. Le problème qui explicitement ou implicitement sera au fond de toutes les théories sera un problème de la forme : quelle est et comment se réalise la production la plus économique ? la répartition la meilleure ? Comment obtenir le plus de produits avec le moins d'éléments de production (matières premières, moyens de production et travail) ? Comment assurer au plus grand nombre possible d'individus la somme de biens la plus grande possible ? C'est du point de vue de tels problèmes, et eu égard à leur solution, que les faits eux-mêmes sont considérés et étudiés. S'il est une théorie qui puisse être prise pour exemple d'une théorie économique telle qu'on l'a entendue jusqu'ici, c'est bien, semble-t-il, la théorie de la monnaie, cette théorie dont l'étude a été le premier éveil de la pensée économique moderne, et qui reste au centre des constructions doctrinales actuelles : or, jusque dans l'analyse même des faits passés et présents, jusque dans la discussion même des expériences offertes ou possibles, que se propose-t-elle, que s'efforce-t-elle d'atteindre si ce n'est les principes et les lois d'une *bonne* monnaie, d'un *bon* système monétaire, de la *meilleure* monnaie, du *meilleur* système monétaire ? N'est-ce pas comme si les principes et les règles d'un *bon* instrument de chauffage, du *meilleur* système d'éclairage, nous étaient présentés comme une théorie de science proprement dite et confondues avec la théorie de la chaleur ou la théorie de la lumière ? Regardez traiter du libre-échange et du protectionnisme, et voyez si ce n'est pas à la façon dont un manuel d'hygiène ou de médecine traite du végétarisme et de l'alimentation carnée, c'est-à-dire voyez si ce n'est pas une étude de moyens en vue d'une fin (implicite ou explicite), et non pas une étude de cause et d'effets. — Ce qui montre encore bien le caractère normatif de ces systèmes doctrinaux, c'est qu'on n'en trouverait pas un peut-être qui ne se soit fait faute de dénoncer, dans telle ou telle pratique présentée par la réalité, une *erreur*, un contresens économique, de distinguer, explicitement ou non, des pratiques *raisonnables* et des pratiques *déraisonnables* : comme si, d'un point de vue positif, les faits pouvaient avoir tort.

Allons plus avant ; regardez même aux théories qui se donnent le nom de théories d'économie pure : quel en est le problème fondamental, dont dérivent ou auquel se subordonnent tous les autres ? C'est de déterminer les *conditions d'équilibre* d'un marché *idéalement défini* appelé marché libre. Mais pourquoi vouloir déterminer les conditions d'équilibre, plutôt que les conditions de déséquilibre, de tel ou tel déséquilibre, sinon par le postulat finaliste implicite que l'équilibre est l'état normatif, idéal, du marché économique ? Qu'on ne dise pas que pour passer aux conditions de déséquilibre, il suffira de prendre l'inverse des conditions d'équilibre : s'il n'y a qu'un équilibre, il y a beaucoup de déséquilibres possibles. Et nous n'avons qu'à prendre un de ces cas pour apercevoir le caractère d'une telle détermination : si, comme je crois avoir des raisons de le penser, l'étude des faits doit nous conduire non seulement à reconnaître que nos sociétés vivent dans un certain perpétuel déséquilibre, mais encore à présenter comme un but à l'art économique d'*organiser le déséquilibre*, un certain déséquilibre, fera-t-il doute pour quelqu'un que la théorie de l'organisation de ce déséquilibre soit une recherche d'art ou de science appliquée, et non, en elle-même, de science proprement dite ? pourquoi en serait-il autrement de la théorie de l'organisation de l'équilibre ?

Au vrai, de tels problèmes, de telles théories ne sont pas problèmes, ne sont pas théories de science positive. Un problème de science positive est de la forme : comment tel fait s'explique-t-il ? quelle est la cause, quels sont les effets de tel phénomène ? non de la forme : comment peut être obtenu tel résultat ? quels sont les moyens pour telle fin ? Une théorie de science positive est constituée par l'explication causale, à forme de loi, d'un phénomène ou d'une catégorie de phénomènes ; elle n'est pas la détermination idéale d'un certain système hypothétique de relations entre des éléments conçus par l'esprit. Il ne suffirait donc pas, pour passer des exposés économiques actuels à un exposé de science proprement dite, de changer quelques mots, d'éliminer le vocabulaire finaliste, de dire « effets de la division du travail » au lieu de « avantages et inconvénients de la division du travail ». C'est la direction même de l'étude, l'inspiration profonde de toute la recherche qui doit être différente. Les deux sortes de disciplines sont bien distinctes, et, si elles sont en dépendance, le sens de la dépendance n'est logiquement pas douteux. Il n'est pourtant pas surprenant qu'elles soient, en notre matière, demeurées jusqu'aujourd'hui si souvent confondues, et que l'étude pratique et normative ait, en fait, précédé et souvent étouffé l'étude de science. La pratique est pressée d'aboutir, forcée de se décider, même lorsque la science hésite encore ou n'existe même pas. La médecine précède historiquement la physiologie autant que logiquement elle la suppose ; et aujourd'hui encore quelle est, dans notre médecine, la part qui soit vraiment de science, de science appliquée ? Mais, si nous ne nous étonnerons pas de cette confusion subsistante dans les travaux économiques, ne trouverons-nous pas qu'il est temps de la faire cesser ? Ici comme ailleurs, si en fait la pratique a renversé cet ordre, est-ce que logiquement et en droit connaître ne précède pas apprécier ? est-ce qu'ici comme ailleurs la connaissance des causes d'un phénomène et des lois qui le régissent n'est pas la base indispensable à la pratique qui veut agir sur lui, si d'empirique elle veut devenir rationnelle ? est-ce que dans notre objet, comme dans ceux où la distinction et la dépendance sont dûment établies, science ne précède pas et ne conditionne pas science appliquée[1] ?

II. — POSITION « HYPOTHÉTIQUE » DE L'ÉCONOMIE « ABSTRAITE »

Nous voulons donc, proprement et avant tout, expliquer la réalité. Mais à cet office les théories économiques actuelles, les théories de l'économie pure elle-même ne s'offrent-elles pas à leur façon, et cette façon n'est-elle pas la meilleure, certains diront même la seule possible ? Le caractère

1. Cf. sur toute cette confusion du point de vue théorique et du point de vue normatif, sur la position finaliste des questions, sur les rapports de la science et de la pratique, *Année sociologique*, t. VI, p. 507-11, à propos de Rist, introduction à la trad. fr. de Schloss, *Les modes de rémunération du travail* ; t. VII, p. 568, à propos de Walsh, *The fondamental problem in monetary science* ; 616-20, à propos de Pic, *Traité élémentaire de législation industrielle* ; t. VIII, p. 527-36, dans l'étude sur Bourguin, *Les systèmes socialistes,* cf. ci-dessus ét. II ; 584-86, dans l'étude sur Landry, *L'intérêt du capital,* cf. ci-dessus ét. III, sect. IV ; t. IX, p. 517-19, à propos de Gide, *L'économie sociale* ; t. X, p. 509-11, dans l'étude sur Effertz, *Les antagonismes économiques,* cf. ci-dessus ét. IV, sect. III. Ne pas confondre cette distinction avec la distinction du normal et du pathologique, que la science positive peut et doit faire ici exactement dans le même sens qu'elle la fait déjà ailleurs: cf. *Année sociologique,* t. V, p. 480, VII, p. 580-582, à propos du phénomène des crises (*N. dévelop.*).

normatif que nous venons d'y dénoncer ne peut-il en être écarté, moyennant quelques précautions, de fond et de forme ? et dès lors, ne peuvent-elles pas se présenter à nous, à bon droit et avec tout profit pour la science, comme des hypothèses méthodiquement simplificatrices, permettant de rejoindre et de comprendre finalement une réalité qui autrement resterait inaccessible ? L'économiste se trouve placé en présence d'une réalité infiniment complexe, rebelle à l'expérimentation artificielle, et même rebelle à une observation rigoureuse et intégrale. Ne prendra-t-il pas, pour en rechercher l'explication, la méthode la plus applicable, peut-être la seule applicable, s'il se place tout d'abord, par la pensée, dans des conditions idéalement simples, fait des hypothèses sciemment conceptuelles et schématiques, dégage déductivement ce qui résulterait de ces conditions dans ces hypothèses, puis emploie ces résultats de l'analyse abstraite à pénétrer les ensembles indistincts que sont les faits concrets, et à éclairer la part plus ou moins grande que cette préalable simplification idéale nous met maintenant à même d'y comprendre?—Si telle n'est pas toujours, à vrai dire, la position méthodologique consciente de tous les auteurs et partisans de théories de cette espèce[1], c'est à coup sûr, me

____

1. Cf. par exemple la position de Th. N. Carver, critiquée dans *Année sociologique*, t. IX, p. 540-44 (compte rendu de son ouvrage *The distribution of wealth*).

semble-t-il bien, la plus forte et la plus défendable qu'ils puissent prendre ; et la discussion qui en peut être faite vaudra *a fortiori* contre ceux qui, n'apercevant ou ne dégageant pas ce caractère initialement hypothétique de leurs théories, en adoptent une, bien vite intenable. Les problèmes dont nous avons noté plus haut une formule finaliste prendront alors la forme suivante : *Supposons* que les hommes tendent à obtenir le plus de produits pour le moins d'éléments de production possible ; *supposons* que les hommes tendent à assurer au plus grand nombre d'individus la somme de biens la plus grande ; *supposons* un marché en équilibre, ou que, s'il n'y est pas, il tende à y arriver : que feront les divers agents, qu'adviendra-t-il des divers éléments en jeu, quels phénomènes se produira-t-il ? Les problèmes ainsi posés une fois traités, on confrontera, avec ce que l'on peut atteindre des faits, ceux de ces résultats dont ils peuvent permettre une vérification : s'il y a concordance, ce sera une confirmation de la théorie ; s'il n'y a pas concordance, ce n'en sera pas nécessairement une infirmation, car ce défaut de concordance peut tenir à ce que la complexité concrète est mêlée d'autres actions que celles dont on a fait l'hypothèse, et ne présente pas une expérience pure. Ainsi, dira-t-on, procède la mécanique lorsqu'elle étudie abstraitement le jeu des forces simples, compose les mouvements élémentaires, néglige les frottements et toutes les complications que donnerait la réalité immédiatement observée ; ainsi procède la physique lorsqu'elle étudie, par exemple, les conditions d'équilibre des fluides ou établit les théories fondamentales de l'hydrostatique.

Est-ce donc une telle méthode qui sera la méthode de la science économique telle que nous l'avons définie, c'est-à-dire une telle méthode nous met-elle en état d'expliquer la réalité économique ? Nous ne lui reprocherons pas, en soi, comme on le fait souvent d'un certain côté[1], d'employer l'abstraction : toute science commence par abstraire ; mais nous avons à voir si elle l'emploie *bien*, si elle l'emploie *avec succès*, c'est-à-dire si son abstraction suit d'assez près, exprime assez bien la réalité proposée à l'étude, pour pouvoir aboutir à nous donner une connaissance de cette réalité même. Dénierait-on la légitimité et la portée de ce contrôle ? Ne peut-on pas dire :

---

1. Ç'a été et c'est encore un des griefs favoris de l'école historique pure ou des « historiens historisant » ; ils ne s'aperçoivent pas, en effet, que, bon gré mal gré, dans leur travail même, ils font un usage constant d'abstractions : seulement, ce sont des abstractions faites sans méthode et empruntées sans critique soit au langage courant soit à la science d'il y a cinquante ou cent ans (J'ai déjà développé ce point ailleurs : Voir *Méthode historique et science sociale*, dans *Revue de synthèse historique*, 1903, p. 8-12). — Sur les différences de notre position avec celle de l'histoire économique ou de l'école dite école historique, cf. *Année sociologique*, t. IV, p. 486 et t. VIII, p. 517-20, compte rendu de Schmoller, *Grundriss*; t. IX, p. 462, C. R. de Guiraud, *Etudes économiques sur l'antiquité* ; t. X, p. 540-51, C. R. de Mantoux, *La révolution industrielle au XVIIIe siècle*.

l'hydrostatique serait vraie même s'il n'existait pas de liquide ? A coup sûr la spéculation est libre : s'il plaît à des esprits de s'ingénier à construire un système conceptuel en partant de telle ou telle hypothèse abstraite, — que nous jugions ou non, pour notre part, ce travail inutile ou sans intérêt, — nous n'aurons cependant ni le droit ni le souci de les en empêcher, pourvu qu'ils ne prétendent pas à autre chose qu'à faire cette construction. Si telle est l'attitude de nos auteurs, leur économique ainsi entendue échappe à notre critique, comme y échapperait, entendue de même façon, une économique construite sur l'hypothèse que les hommes ne cherchent pas leur intérêt, sur l'hypothèse que les hommes tendent à travailler plus pour gagner moins, par exemple.

Mais, en fait, ne prétendent-ils qu'à cela ? S'ils n'ont pas d'autre intention que de construire une économique logique avec elle-même, pourquoi ne partent-ils pas de ces autres hypothèses ou de telles autres encore ? Et s'ils n'ont pas tout de même pour but de comprendre et d'expliquer la réalité économique, pourquoi et de quel droit appellent-ils leur économique science économique ? Ou bien cette économique n'est qu'une construction arbitraire, légitime comme telle, mais qui ne vaut ni moins ni plus que toutes les autres constructions analogues possibles ; ou bien cette économique veut être explicatrice du réel, et alors nous sommes en droit de la juger en examinant, d'une part, si la base que l'hypothèse, comme il le faut bien, emprunte initialement à la réalité, est exacte, et, d'autre part, si la théorie où elle aboutit rejoint et fait comprendre le fait qu'elle doit servir à expliquer. L'hydrostatique serait vraie même s'il n'existait pas de liquide : soit (bien que, tout de même, on puisse se demander si un esprit à qui la réalité n'aurait offert aucune notion de liquide ou de quelque chose d'approchant aurait jamais conçu une hydrostatique) ; mais serait-elle une science physique positive, et non une pure spéculation idéologique, si, d'une part, la notion de liquide n'était pas une abstraction bien faite empruntée à la réalité, et si, d'autre part, cette hydrostatique ne se montrait pas capable de nous faire comprendre les phénomènes que les liquides observés dans la réalité nous présentent ?

III. — LE POINT DE DÉPART : LES PRÉMISSES

Les éléments de fait que nous trouvons à la base des théories économiques hypothétiques sont de deux sortes : les uns sont des propositions sur les choses extérieures (telle, par exemple, la loi des rendements décroissants) ; les autres, des propositions d'ordre psychologique. Il n'est que juste de constater qu'il y a eu, chez les théoriciens conscients de cette école, un effort de plus en plus grand pour réduire à un minimum de plus en plus strict et amener à une formule de plus en plus rigoureuse ces propositions fondamentales tant de l'une que de l'autre sorte. La liste et le libellé en seraient donc divers selon les auteurs, et nous ne pouvons ici en entreprendre la revue. Nous n'insisterons même pas sur aucune des propositions de la première espèce, parce que cette discussion demanderait une place et un détail technique que cette communication ne comporte pas ; mais, pour ne dire qu'un mot de celle que nous avons prise pour exemple, la proposition dite loi des rendements décroissants, je crois qu'on peut apercevoir assez vite qu'elle est fortement contestable, et affirmée plutôt qu'établie, du moins dans la généralité et l'universalité sans réserve où certains auteurs l'admettent pour en faire un des fondements essentiels de toute leur construction théorique ultérieure [1]. Et ainsi apparaîtrait-il des autres.

Aux propositions d'ordre psychologique qui sont communément impliquées par ces théories, on a fait un grand reproche qui, dans l'histoire de la pensée économique, a marqué une reprise et un renouveau d'importance [2]. On a dit que,

---

1. Par exemple, notamment, Carver, *op. cit.* — Cf. *Année sociologique,* t. X, p. 522-26, dans le compte rendu de Effertz, *Les antagonismes économiques,* la critique de plusieurs propositions de cet ordre.

2. **Ad.** Wagner, *Grundlegung,* et son école (et aussi Schmoller, *Grundriss,* dans sa partie de théorie constructive initiale, Cf. *Année sociologique,* t. VIII, p. 517-20).

supposant à la conduite de l'homme économique les seuls mobiles de l'intérêt personnel bien entendu, elles retranchaient arbitrairement de la vie économique d'autres mobiles qui ne laissaient pas d'y avoir un rôle essentiel, les mobiles d'ordre altruiste ou caritatif et les mobiles d'ordre désintéressé. Si fondée que puisse être cette critique, nous ne nous y attacherons pas ici, parce qu'en elle-même, — et le travail théorique fourni par les économistes qui l'ont faite l'a montré, — elle porte sur la façon d'appliquer la méthode, non sur la méthode elle-même; et c'est la méthode elle-même que nous avons mise en question.

Il est, à notre point de vue, plus opérant d'examiner si, effectivement, les constructions théoriques qui sont établies sur ces bases le sont bien, comme le principe même de la méthode l'exige, par la voie d'une pure déduction analytique. En fait, on peut montrer que, dans beaucoup des cas un peu complexes où il faut bien arriver, la déduction analytique, partant d'un principe général abstrait de conduite, aboutit à plusieurs conduites également possibles. Si la théorie les dégage et veut les suivre toutes jusqu'au bout, elle atteindra bien vite à une complication inextricable et indéfinie, et en tout cas elle ne donnera que plusieurs possibilités, sans pouvoir déterminer par elle-même si l'une se réalisera de préférence et laquelle. Si, au contraire, elle n'en suit qu'une (faute, souvent, en fait, d'apercevoir les autres),

ou bien ce choix est arbitraire, et par suite aussi
la théorie qui en procède, ou bien il est fondé par
une observation, consciente ou inconsciente, de
la réalité, de la conduite qui, en fait, paraît être
suivie par les hommes dans ce cas; et non seulement, alors, la méthode n'est plus purement
déductive, mais ce recours à la méthode expérimentale n'est entouré d'aucune des précautions
et garanties qui sont nécessaires à en fonder un
emploi judicieux et probant[1]. C'est pourtant cette
dernière pratique qui se trouve, semble-t-il, être
le plus ordinairement suivie par nos auteurs; à
vrai dire c'est ordinairement aussi à leur insu.
Et, remarquons-le en passant, c'est même là ce
qui explique que, malgré les défauts théoriques
de leur méthode, ils puissent être arrivés, à l'occasion, à des résultats exacts : esprits avertis,
éveillés, même sans s'en douter, à l'observation
des faits économiques qui se présentaient autour
d'eux, ils ont cru obtenir leur théorie par déduction consciente d'une hypothèse abstraite et simple posée par eux, et en réalité ils y ont exprimé
le résultat inconscient des apports qu'avait lais-
sés en eux une fréquentation tout empirique des
faits. Mais, on le voit, s'il se peut que la science

---

1. Cf. des exemples de ces pratiques données dans *Année sociologique*, t. VIII, p. 577-80 et 581-84 (Étude sur Landry, *L'intérêt du
capital*, v. ci-dessus, Ét. III, sect. III; t. X, p. 522-26). Cf. aussi
Déduction ou observation psychologique en science économique dans *Revue
de Métaphysique*, 1899, p. 447-57 et ci-dessus Ét. I, sect. II.

économique positive conserve finalement un certain nombre des résultats obtenus par la spéculation économique, ce ne sera qu'après les avoir retrouvés et établis par une expérimentation méthodique, substituée à l'empirisme qui les a fait découvrir. — Si utile que puisse être à la cause de la méthode expérimentale la démonstration apportée par une telle critique, elle n'est cependant pas décisive ; car on pourrait toujours y répondre que, si une déduction est démontrée imparfaite ou incomplète, une analyse plus rigoureuse et intégrale, quitte à être plus complexe et plus difficile, ou quitte à conduire à une solution multiple, est peut-être capable de la corriger et de la rendre logiquement inattaquable.

C'est aux propositions elles-mêmes, bases de ces déductions possibles, qu'il faut enfin regarder. Faute de pouvoir ici soumettre à un examen toutes celles où, explicitement ou non, s'appuient les constructions théoriques des économistes passés ou présents, retenons-en seulement une pour exemple et pour type ; il en est une, en effet, qui, dans les théories actuelles, a enlevé à toute autre la première place, qui est au cœur même de toute l'édification spéculative ultérieure, qui dans la théorie fondamentale, la théorie de la valeur, est la pièce centrale, essentielle : c'est la loi que le besoin décroît à mesure que croît la quantité de la chose employée à le satisfaire. Cette loi est aujourd'hui si généralement reconnue, sans conteste et sans réserve, par des économistes de tendances diverses et de divers pays, qu'il peut paraître téméraire de s'y attaquer. L'importance qu'elle a prise, les développements ingénieux, complexes et subtils qu'on y a donnés et dont on l'a entourée, exigeraient pour elle une discussion détaillée que nous ne pouvons entreprendre ici. Nous devons nous borner, — et cela suffira du reste à notre dessein présent, — à indiquer les voies par où cette discussion pourrait et devrait la saisir[1]. 1° Il est des besoins pour lesquels il n'est pas de satiété. 2° Même pour les besoins susceptibles de satiété, existe ce qu'on pourrait appeler un seuil de satisfaction, et tant que ce seuil n'est pas atteint, la satisfaction croît avec la quantité employée à le satisfaire. 3° Le besoin devenu une passion a justement pour caractère de croître indéfiniment, même lorsque augmente la quantité employée à le satisfaire. 4° Cette loi n'indique rien touchant les rapports des différents besoins entre eux : c'est pourtant de ces rapports que naissent ou dépendent beaucoup de phénomènes économiques premiers. — Ce n'est pas que ces objections, et d'autres possibles encore, ne soient pas aperçues de certains au moins des théoriciens qui attribuent à cette loi un rôle fondamental : mais ils en font bon marché et les

---

1. Cf. aussi, ci-dessus Ét. IV, sect. II, *a* (*N. n.*)

déclarent sans importance. A vrai dire, si elles sont plus considérables que ces auteurs ne le déclarent d'autorité, elles le cèdent cependant à une dernière, qui, au fond, pourrait dispenser de toutes les autres.

Cette objection radicale est qu'enfin et surtout cette loi prétendue fondamentale reste en dehors ou au moins en deçà de ce qu'il s'agit justement d'expliquer, si toutefois la science économique a bien pour objet d'expliquer la réalité économique. Cette loi, même si elle est pleinement valable, vaut seulement du point de vue de l'individu, pour les choses prises dans un rapport de consommation directe et immédiate. Elle ne vaut plus, elle n'a peut-être même plus de sens, du point de vue d'une collectivité, pour les choses prises dans un rapport d'utilité durable, prises dans leur qualité de choses échangeables : du moment où une chose existe qui a pour les hommes une valeur persistante, et du moment surtout où cette chose peut s'échanger contre les autres choses et les autres choses contre elle, toute chose peut conserver pour l'individu une valeur de satisfaction au delà de la quantité où est satisfait le besoin direct que cet individu a de cette chose, puisqu'elle peut lui valoir encore d'autres satisfactions indéfiniment. Que peut donc nous apprendre cette loi sur les phénomènes qui sont en dehors du champ où, toutes choses mises au mieux, elle peut s'appliquer ? Et qui ne voit que ces phénomènes sont justement les plus nombreux, les plus notables, les plus importants de ceux qu'une science économique peut se proposer de comprendre ? C'est en vain qu'on prétendra par cette voie aller du simple au complexe, de l'élément au composé : comment une disposition psychologique qui existerait ou pourrait exister dans l'individu supposé isolé et n'existe plus dans l'individu pris en collectivité, expliquerait-elle ce qui se produit dans l'individu pris en collectivité, c'est-à-dire justement ce qui fait qu'elle-même n'existe plus ? Dira-t-on que le besoin collectif suivra lui-même la même loi, et que, par suite, les mêmes phénomènes en résulteront de cette nouvelle façon ? La psychologie collective n'est plus domaine d'introspection individuelle, et, si cette loi existe dans l'individu social, il faut l'établir par une observation extérieure, c'est-à-dire changer de méthode. Toute tentative pour substituer à cette loi une loi meilleure, si elle est de même sorte, est condamnée d'avance à retrouver au même point le même insuccès.

IV. — LE POINT D'ARRIVÉE : LES RÉSULTATS

Cette constatation que nous faisons au point de départ, nous la ferons facilement, croyons-nous, au point d'arrivée. Nous pouvons encore moins que les propositions de base passer en revue ici, en une discussion détaillée, tous les résultats obtenus par les théories de l'économie constructive[1]. Nous devons nous contenter d'indiquer sur un exemple simple, mais central, le sens et la portée possible de cette discussion.

C'est une des pièces de la construction les mieux étudiées, c'est peut-être la plus travaillée et la plus parfaite que, sur les bases psychologiques adoptées, la théorie de la détermination du prix d'un marché libre par le jeu dit de l'offre et de la demande. Cette théorie, dans la forme très élaborée et très complète où nous la pouvons trouver aujourd'hui dans les auteurs les plus qualifiés, comporte un détail et un développement où nous ne pouvons entrer. Mais regardons seulement à l'analyse élémentaire centrale : des vendeurs A, B, C, D, E, viennent au marché disposés à vendre respectivement à des prix a, b, c, d, e ; des acheteurs, A', B', C', D', E', y viennent disposés à acheter respectivement aux prix a', b', c', d', e' ; l'échange sera possible entre les vendeurs dont les estimations sont inférieures à celles des acheteurs ou de certains des acheteurs, et ces derniers acheteurs : le prix, qui sera le même pour toutes les unités échangées,

---

[1]. Nous en avons discuté plusieurs à l'occasion de divers ouvrages, voir notamment *Année sociologique*, t. VIII, p. 575-76 ; t. IX, p. 542-44 ; t. X, p. 518-25.

puisque le marché est supposé en état de concurrence parfaite, se fixera, nous dit-on, entre un
maximum, qui sera l'estimation du dernier acheteur admis ou celle du premier vendeur exclu,
et un minimum, qui sera l'estimation du dernier
vendeur admis ou celle du premier acheteur
exclu. — Remarquons d'abord que cette théorie
laisse, entre ces limites, le prix indéterminé (ou
si elle veut nous expliquer la détermination qui
pourtant se produit, ses explications ne sont que
des défaites) : or, ces limites peuvent être assez
larges ; s'il ne l'apparaît pas ainsi dans les démonstrations qu'on nous donne, c'est parce que
les chiffres hypothétiques choisis pour exemples
de ces estimations limites sont, inconsciemment
peut-être, choisis assez voisins ; mais, jusqu'à
preuve que les choses se passent ainsi en fait,
c'est là un « truc » de démonstration sans valeur
scientifique. Cependant passons condamnation
sur ce flottement final. — Voyons combien de
conditions ce mécanisme, pour être possible,
suppose existantes et réunies : il suppose que les
choses objet de l'échange sont de nature fixe et
stable, d'une qualité unique et fixée, divisées ou
divisibles en unités, indifféremment interchan-
geables, que tous les acheteurs se rencontrent
avec tous les vendeurs, sur le marché, au même
moment. Il n'est pas de défenseur un peu réfléchi
de cette théorie qui ne reconnaisse que ces conditions ne se trouvent pas toutes ni complète-

ment réalisées dans les échanges que nous offre la réalité ; on peut même se demander si la réalité nous offre un seul cas rigoureusement conforme à cette hypothèse théorique. Et sans doute il est légitime, et même souvent nécessaire, qu'une théorie scientifique simplifie et schématise ; mais encore faut-il que ce schématisme respecte et exprime les traits dominants, tous les traits dominants de la réalité : or, où nous étudie-t-on, où nous explique-t-on, autrement que par quelques considérations verbales, qui ne sont ici encore que des défaites, tous les phénomènes que la réalité nous montre s'écartant de ce cas dit théorique et qui, dans cette attitude même, sont pourtant, nous avons tout lieu de le croire, soumis à des régularités et à des lois ? — Mais ce n'est pas assez dire encore : cette théorie, destinée à expliquer la formation du prix, implique cette condition que les prix existent déjà ; ce sont des défenseurs mêmes de la théorie qui le reconnaissent : « Ainsi le prix d'un bien, écrit l'un d'eux, ne peut être déterminé que pour autant que les prix des autres biens sont donnés, et en même temps ces prix dépendent eux-mêmes du prix en question », mais cela n'est pas un cercle, ajoute-t-il, « si nous comprenons bien les rapports de la théorie et de la réalité, si nous savons voir que dans la réalité, à quelque moment qu'on se place, il y a un prix pour chaque chose, et que... ce ne sont que des variations de ces prix établis qui se produisent[1] ». Ainsi la théorie n'échappe à un cercle que parce qu'elle se donne justement ce qu'il s'agit d'expliquer, si du moins la science a pour objet d'expliquer la réalité.

Allons plus loin encore et voyons que cette mésaventure a une raison plus profonde ; toute cette analyse part de l'hypothèse initiale que des vendeurs et des acheteurs d'une chose arrivent au marché avec une estimation de cette chose : c'est dans cette hypothèse même qu'il faut apercevoir qu'est impliquée l'existence préalable d'un prix de marché de cette chose ; regardons les faits et voyons-les comme ils sont : les estimations individuelles dérivent d'un prix déjà réalisé et connu, elles se constituent dans l'esprit de l'individu par différence en plus ou en moins avec ce qu'il sait de la valeur déjà communément reconnue à la chose ; et la preuve en est que, dans le cas d'une chose nouvelle, ou d'une chose dont aucun prix établi n'est connu des échangistes, l'estimation de ces échangistes sera complètement indéterminée, arbitraire, et même ne saura pas se fixer, n'existera pas comme notion quantitative définie. Le vice radical de cette théorie est donc finalement qu'elle veut expliquer un phénomène de nature sociale par des phénomènes individuels qui justement dérivent de ce phénomène social lui-même et n'existent que par

---

1. Ad. Landry, *Manuel d'économique*, p. 518-19.

lui. Et ce vice se retrouverait dans toute théorie qui prendrait les mêmes voies. Il en faut donc adopter d'autres. Il faut prendre le phénomène dans sa réalité même, et, puisque, dans cette réalité, il se trouve être social, il faut l'étudier et l'expliquer comme tel : à cela la psychologie d'introspection et l'analyse idéologique ne peuvent qu'échouer ; et ne peut y réussir au contraire qu'une méthode expérimentale objective[1].

V. — LE POINT DE VUE POSITIF

De ce point de vue une fois reconnu et adopté, les phénomènes se classent et se hiérarchisent conformément à leur vraie nature[2], les régularités et les lois se formulent et s'établissent dans leur vrai sens et avec leur vraie portée. Ne prenons brièvement pour exemple que la relation célèbre dite loi de l'offre et de la demande. L'économie pure en fait volontiers une loi universelle, valable indépendamment de toute particularité de

1. Sur un autre exemple, celui de la théorie du salaire, j'ai fait ailleurs, avec plus de détail, des constatations analogues, voir *Salaire des ouvriers des mines* (Paris, 1907), notamment p. 74, 194, 213..., 488, 496-97.

2. Sur la classification nouvelle des phénomènes économiques de ce point de vue, voir *Année sociologique*, t, IV, p. 476, 503, 514 ; t. V, p. 480, 492 ; t. VI, p. 478-83, 521 ; t. VIII, p. 526, 567 ; t. IX, p. 519, 520-22 ; t. X, p. 555 ; t. XI, p. 711 ; et d'ensemble ci-dessus étude VI.

temps et d'espace, régissant tout phénomène économique dans la mesure où il est économiquement pur. Si nous la regardons d'un point de vue positif, nous apercevrons sans peine[1] que, bien loin d'être indépendante de tout état social, elle implique, pour seulement pouvoir exister et jouer, une appropriation préalable des choses, une propriété susceptible d'aliénation, susceptible d'aliénation à la volonté du propriétaire, l'institution du contrat par accord des volontés et spécialement du contrat d'échange et de vente, en un mot tout un ensemble d'institutions bien déterminées, qui non seulement ne se rencontrent que dans un certain nombre de sociétés, mais qui même dans ces sociétés ne fonctionnent pas, ou pas pleinement, pour l'universalité des choses et la totalité des individus. Elle implique un certain état de la répartition qui fasse que les échangistes possibles aient besoin d'aboutir à échanger. Elle implique enfin l'existence de ce marché de libre concurrence, défini, nous l'avons déjà remarqué, de telle façon que, même dans nos sociétés économiquement les plus avancées, un tel marché n'a pas été pleinement réalisé pour aucun produit, et, si nous étudions les faits d'un esprit positif, dégagé des spéculations traditionnelles, nous apercevrons, semble-t-il, que ce

---

1. Nous l'avons déjà noté, *Année sociologique*, t. X, p. 513-14 et ci-dessus ét. IV, sect. II, *b*.

marché non réalisé n'est même pas le type vers lequel tendent tous les marchés existants, qu'au contraire toute une part de la vie économique la plus réelle et la plus profonde est un immense effort pour échapper à un marché de ce genre, pour constituer, selon l'expression de B. et S. Webb, des « remparts » contre la libre concurrence, et que cette loi de l'offre et de la demande joue d'autant plus que les choses échangées sont pour les échangistes plus conceptuelles et irréelles, et d'autant moins que les choses échangées sont pour les échangistes plus concrètes et plus saisies dans leur rapport réel et direct avec le besoin qu'elles satisfont ou la peine qu'elles coûtent. Curieuse loi universelle que cette loi d'un ensemble de phénomènes, dont aucun jusqu'ici ne la vérifie pleinement, et dont un grand nombre, sinon la plupart, consistent justement à s'en affranchir !

La méthode positive, consciemment appliquée à la matière économique, replacera à leur rang et ramènera à leur valeur les résultats obtenus, — souvent non dégagés en leur vrai sens, — par le travail économique accompli à ce jour. Il resterait, après cette présentation par opposition avec d'autres, à en faire une présentation directe. Elle s'est heurtée et se heurte encore à des objections ou à des préjugés ; elle se heurte notamment aux arguments, peu renouvelés depuis Stuart Mill, que l'expérimentation en matière sociale est difficile, sinon impossible, et en tout cas tout à fait incapable de conduire à des résultats concluants qui aient valeur de loi ou seulement de régularité. Aucun de ces arguments n'est sans réplique, en droit. Mais, en l'espèce, il n'est pas de meilleure réplique que celle du fait, c'est-à-dire de montrer, en marchant, que le mouvement est possible. C'est à quoi s'appliquent et s'appliqueront les travaux qui s'inspirent de cette méthode : j'ai, pour ma part, confiance qu'ils y réussiront.

*
* *

Ce rapide exposé, je le reconnais, est bien insuffisant pour justifier cette confiance, et cependant je ne voudrais pas le terminer sans en élargir encore les conclusions, parce que c'est de cet élargissement même qu'elles peuvent prendre toute leur signification. Ce n'est pas seulement, en effet, dans l'étude des phénomènes économiques que le point de vue positif, qui y devient, comme par force, le point de vue sociologique, paraît devoir et pouvoir apporter un renouvellement et être la condition du succès. C'est encore, à côté d'eux et parallèlement à eux, les phénomènes religieux, les phénomènes juridiques, les phénomènes moraux, qui, de ce point de vue et de ce point de vue seul, apparaîtront dans leur vrai sens et pourront recevoir l'explication véritable dont ils sont susceptibles. Les disciplines qui ont jusqu'ici étudié ces diverses catégories de phénomènes ont revêtu des formes plus ou moins différentes ; et par conséquent l'opposition qui peut être faite entre ces disciplines et l'étude positive et sociologique des mêmes phénomènes, peut être assez différente aussi de celle que nous avons rapidement esquissée ici entre la discipline économique existante et la science économique véritablement positive. On peut aussi, d'autre part, découvrir ou établir la prépondérance nécessaire du point de vue sociologique en ces études par d'autres voies et par d'autres preuves. Mais, à travers ces différences, et de préférence à ces autres arguments, la thèse capitale et décisive m'apparaît être qu'*en fait*, tous ces phénomènes, religieux, juridiques, moraux, économiques, ont, dans la réalité offerte à notre étude, le caractère essentiel d'être d'abord et avant tout des phénomènes sociaux, et que la méthode positive, pour en aborder la connaissance et l'explication, sera, pour les uns et pour les autres, nécessairement et identiquement une méthode sociologique.

TABLE DES MATIÈRES

www.ingramcontent.com/pod-product-compliance
Ingram Content Group UK Ltd.
Pitfield, Milton Keynes, MK11 3LW, UK
UKHW021211140726
13695UKWH00002B/474